Susanne Vogt

Tierischen Tätern lesend auf der Spur

22 spannende Kriminalgeschichten zur Leseförderung

Die Autorin

Susanne Vogt lebt und arbeitet in der Schweiz. Sie hat bereits zahlreiche Lehrmittel veröffentlicht.

Gedruckt auf umweltbewusst gefertigtem, chlorfrei gebleichtem und alterungsbeständigem Papier.

1. Auflage 2019

Grafik: Katharina Reichert-Scarborough; Barbara Gerth (Ballerina S. 69)
Satzpunkt Ursula Ewert GmbH, Bayreuth
Satz: Satzpunkt Ursula Ewert GmbH, Bayreuth

ISBN: 978-3-403-20131-1

www.persen.de

Inhaltsverzeichnis

Vorwort

Leseförderung ist eine der wichtigsten Aufgaben in der Grundschule, die für den Sprachunterricht und auch für zahlreiche andere Fächer von besonderer Bedeutung ist. Lesefertigkeiten zu trainieren und zu festigen, ist daher für alle Kinder unerlässlich.

Vorrangiges Ziel dieses Buches ist es, die Fähigkeit des sinnentnehmenden Lesens zu schulen. Denn nur wer versteht, was er gelesen hat, kann auch einen Nutzen aus den dargebotenen Informationen ziehen.
Ein weiteres Augenmerk dieses Buches liegt auf der Entwicklung von Lesefreude. Auch deshalb sind die Texte nicht homogen gestaltet, sondern bieten auf abwechslungsreiche Weise Sachinformationen an. Nicht zuletzt sollen die kurzen Sachtexte den Horizont eines jeden Kindes erweitern und zusätzliches Sachwissen liefern. Somit ist auch eine fächerübergreifende Verzahnung mit dem Sachunterricht gegeben bzw. möglich.

Materialien
Zu jedem Tier liegen drei Seiten Material vor: eine Seite Text sowie zwei Arbeitsblätter. Das Material weist stets eine einheitliche Struktur auf:

Krimi: Der Lesetext in Form eines Krimis ist die Grundlage. Er ist bewusst immer ein bisschen anders gestaltet, um Abwechslung zu bieten und die geistige und lesetechnische Flexibilität der Kinder zu fordern und fördern.

Detektivaufgaben: Diese Seite vertieft das Erlesene. Mit den aus dem Text gewonnenen Informationen sollen die Kinder eine Kurzzusammenfassung des „Kriminalfalles" notieren, einen Steckbrief eines Tieres anlegen (siehe Anhang) und knifflige Fragen beantworten. Denn wer Gelesenes festhalten kann, zeigt, dass er verstanden hat.

Zeugenaussagen: Diese Seite zielt auf die vertiefende Auseinandersetzung mit dem Textinhalt ab und überprüft das Leseverständnis. Sie bietet vielfältige Aufgaben, die alle das Textverständnis trainieren und kontrollieren.

Differenzierung
Einige Arbeitsblätter beinhalten Zusatzaufgaben für schnell arbeitende Schüler[1], welche durch dieses Pikto 👑 gekennzeichnet sind.

Partner- oder Gruppenarbeit
Wenn gewünscht, können die Texte in Kleingruppen gelesen oder die Arbeitsblätter von Schülerteams bearbeitet werden. Dies schult nicht nur die Lesefähigkeit, sondern fördert auch die Kooperations- und Teamfähigkeit der Schüler.

Nun wünsche ich Ihnen ganz viel Freude mit den tierischen Tätern.

Ihre Susanne Vogt

1 Wir sprechen hier wegen der besseren Lesbarkeit von Schülern bzw. Lehrern in der verallgemeinernden Form. Selbstverständlich sind auch alle Schülerinnen und Lehrerinnen gemeint.

Der „Tatort“ Natur – Begriffe

Erkläre die Begriffe mit deinen eigenen Worten.

Täter

Opfer

Straftat

Waffe

Motiv

Ermittler

Detektiv

Der „Tatort“ Natur – Das Gleichgewicht der Natur

Lies den Text.

Das Gleichgewicht der Natur

In der Natur kommen viele „Straftaten“ vor. Eigentlich ist es aber falsch, diese so zu bezeichnen. Denn anders als Menschen begehen Tiere solche Taten nie aus niederen Beweggründen wie Neid oder Eifersucht. Die meisten Tiere handeln so, weil es um ihr Überleben geht. Und deshalb gibt es in der Tierwelt auch kein Gericht, vor das der Täter gestellt wird.

Wenn wir hier von Opfern sprechen, meinen wir eigentlich die **Beutetiere**. Die Täter sind die **Räuber**. Sie sind abhängig von den Beutetieren, um überleben zu können. In Afrika sind zum Beispiel Antilopen Beutetiere und Löwen, Leoparden und Geparden sind Räuber. Je mehr Beutetiere es gibt, desto mehr Räuber können sich entwickeln. Das kann von Jahr zu Jahr variieren. Gibt es viel Beute, können sich die Räuber vermehren. Sie fressen die Beute und sorgen dafür, dass deren Zahl kleiner wird. Und wenn es wenig für die Beutetiere zu fressen gibt, gibt es auch weniger Beutetiere und es werden immer weniger Jäger satt. Auch ihre Zahl verringert sich dann.

Forscher haben herausgefunden, dass diese Räuber-Beute-Beziehung wichtig ist. Stell dir vor, es gäbe nur noch Pflanzenfresser – alle Räuber wären nicht mehr da. Anfangs würde es ihnen gut gehen. Sie würden im Überfluss leben und genügend zu fressen finden.

Was würde nach einiger Zeit passieren? Kreuze die richtigen Antworten an.

- ☐ Die Pflanzenfresser würden sich nicht vermehren.
- ☐ Die Pflanzenfresser würden sich schlagartig vermehren.
- ☐ Es gäbe so viele Pflanzenfresser, dass die Nahrung knapp für sie würde.
- ☐ Alle Pflanzenfresser würden ausreichend Fressen finden.
- ☐ Viele Pflanzenarten würden langsam aussterben.

Erkläre die Räuber-Beute-Beziehung mit deinen eigenen Worten. Schreibe auf ein separates Blatt.

Lies den Text.

Die Waffen der Tiere

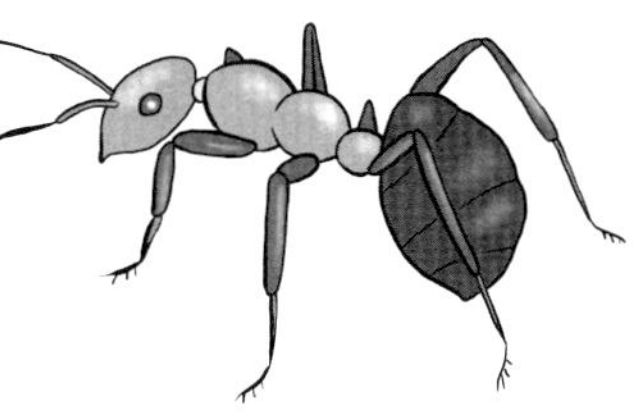

Um überleben zu können, haben viele Tiere Strategien entwickelt, mit denen sie nicht so leicht zum Opfer werden.

Verteidigung: Viele Tiere verteidigen sich. Sie kämpfen gegen den Angreifer, bis der Stärkere gewinnt. Der Tintenfisch zum Beispiel sondert Tinte ab, Ameisen spritzen mit Säure und manche Vögel, wie etwa die Wacholderdrossel, spritzen mit Kot.

Waffeneinsatz: Viele Meerestiere besitzen Nesselzellen. Berührt sie ein Angreifer, verletzt er sich daran und ergreift die Flucht. Andere Tiere schlagen den Gegner mit ihrem schlechten Geschmack in die Flucht. Nacktschnecken zum Beispiel schmecken bitter und setzen diese Bitterkeit als Waffe ein.

Tarnung: Einige Tiere sind in Farbe und Form so gut an ihren Lebensraum angepasst, dass sie kaum auffallen. Manche Tiere können ihre Farbe aber sogar aktiv verändern und sich so einer wechselnden Umgebung anpassen. Etwa der Oktopus und das Chamäleon sind dazu in der Lage.

Aufblähen: Einige Tiere plustern sich auf, der Kugelfisch zum Beispiel. Wittert er Gefahr, bläht er sich auf und wirkt so viel mächtiger, als er eigentlich ist.

Warnfarben annehmen: Einige harmlose Tiere setzen die Warnfarben von gefährlicheren Tieren zu ihrem Schutz ein. Sie schlüpfen sozusagen in ein Kostüm. Das macht zum Beispiel die Schwebfliege, die aussieht wie eine Wespe, aber völlig ungefährlich ist. Auch das Pfauenauge, eine Schmetterlingsart, täuscht mit der Augenmusterung auf den Flügeln vor, ein viel größeres Tier zu sein. Denn bei großen „Augen“ erwartet der Feind natürlich auch ein großes Tier.

Ablenkung: Einige Tiere lenken ihren Angreifer ab. Blindschleichen und Eidechsen zum Beispiel können ihren Schwanz blitzschnell abwerfen und ohne Schwanz flüchten, wenn der Angreifer zupackt. Der Täter ist dann mit dem Schwanz beschäftigt und merkt gar nicht, dass die Beute flieht.

Der „Tatort“ Natur – Die Waffen der Tiere (2)

Beantworte die Fragen.

Wer gewinnt einen Kampf im Tierreich?

Womit schlagen Nacktschnecken den Angreifer in die Flucht?

Was ist Tarnung?

Warum nehmen manche harmlosen Tiere Warnfarben an?

Wie verteidigen sich einige Schmetterlinge?

Wie lenken Blindschleichen und Eidechsen ihre Feinde ab?

Lies den Text. Verbinde jeden Abschnitt mit dem passenden Bild.

Täterprofile

In der Tierwelt gilt das Recht des Stärkeren. Wer zu schwach ist oder keine kluge Waffe einsetzt, hat Pech gehabt.

Es klingt wie im Krimi: Fallen, Giftcocktails und andere Waffen. Und doch sind es die Tiere, die solche Geschichten schreiben. Ihre Welt ist so eindrucksvoll, dass wir uns gemeinsam auf Ermittlungstour begeben. Wir werden einigen haarsträubenden Fällen begegnen. Hier siehst du die raffiniertesten Täterprofile im Kurzüberblick.

Waffenträger: Vor allem die Fleischfresser tragen Waffen bei sich. Messerscharfe Krallen packen oder schlagen kräftig zu. Dolchförmige Eckzähne funktionieren wie Brechscheren und zerkleinern sogar Knochen. Aber auch Pflanzenfresser verfügen über Waffen. Ein Geweih beispielsweise wird wie eine Lanze beim Ritterturnier eingesetzt. Über Borsten mit Widerhaken, die sich in die Haut des Angreifers wie ein Angelhaken eingraben, verfügen vor allem Insekten.

Giftmischer: Wer nicht sonderlich riesig oder kräftig ist, nutzt einen anderen Trick. Er setzt Gift ein. Giftstachel oder Giftzähne dienen dabei als Waffe zur Abwehr oder zum Angriff.

Stachelhäuter: Viele Meeresbewohner sind mit einem Stachelpanzer ausgerüstet, um sich vor Feinden zu schützen. Sie werden Stachelhäuter genannt.

Fallensteller: Manche Tiere verfügen über keine körpereigene Waffe und setzen daher pfiffige Fallen ein. Sie sind Meister des Fallenbaus. Ein verstecktes Loch im Boden oder ein klebriges Netz können sehr wirkungsvoll sein.

Gottesanbeterin – Krimi

Lies den Krimi genau. Male dann ein Bild des Opfers in die Lupe.

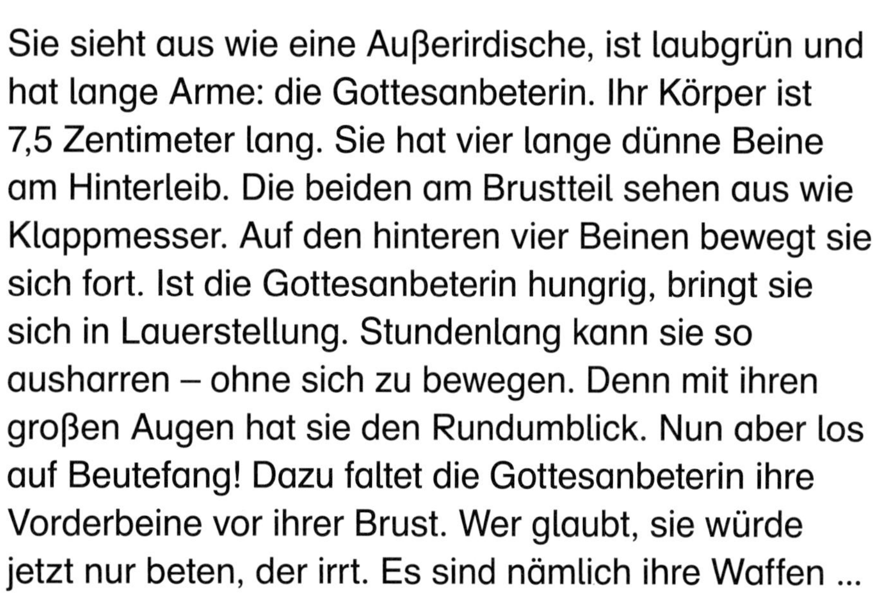

Sie sieht aus wie eine Außerirdische, ist laubgrün und hat lange Arme: die Gottesanbeterin. Ihr Körper ist 7,5 Zentimeter lang. Sie hat vier lange dünne Beine am Hinterleib. Die beiden am Brustteil sehen aus wie Klappmesser. Auf den hinteren vier Beinen bewegt sie sich fort. Ist die Gottesanbeterin hungrig, bringt sie sich in Lauerstellung. Stundenlang kann sie so ausharren – ohne sich zu bewegen. Denn mit ihren großen Augen hat sie den Rundumblick. Nun aber los auf Beutefang! Dazu faltet die Gottesanbeterin ihre Vorderbeine vor ihrer Brust. Wer glaubt, sie würde jetzt nur beten, der irrt. Es sind nämlich ihre Waffen ... Gerade nähert sich ein Opfer. Es sieht der Gottesanbeterin erstaunlich ähnlich und ist nur etwas kleiner als „die grüne Dame vom anderen Stern". Es ist ein „Gottesanbeter" und er läuft direkt auf sie zu! Warum flüchtet er denn nicht? Ganz einfach. Er möchte sich mit der Dame mit den langen Beinen paaren. Das Männchen unternimmt alles, um dem Weibchen zu gefallen. Endlich kommt es zur Paarung, er darf auf ihren Rücken springen. Das denkt er. Aber da passiert es: Blitzschnell schnappt ihn das Weibchen und hält ihr Opfer mit ihren Fangarmen fest. Sie frisst ihn auf!

Das Männchen wäre diesem Schicksal entgangen, wenn die Täterin nicht so hungrig gewesen wäre. Zu ihrer Verteidigung muss man nämlich erwähnen, dass die Gottesanbeterin nicht generell die Männchen verspeist. Ist sie satt, bleiben sie am Leben. Dann haben sie Glück gehabt.

Gottesanbeterin – Detektivaufgaben 

Notiere die wichtigsten Angaben zu diesem Kriminalfall.

Täter:

Opfer:

Waffe:

Motiv (Grund der Tat):

Zeige, dass du ein guter Detektiv bist.

1. Schreibe einen Steckbrief der Täterin. Notiere dafür alles, was du über die Gottesanbeterin erfahren hast.
2. In welchem Fall hätte das Männchen die Begegnung mit der Gottesanbeterin nicht mit dem Leben bezahlt?
3. Warum flüchtet das Männchen nicht? Ist es dazu nicht in der Lage?

Im Unterschied zum Weibchen kann das Männchen nicht nur laufen, sondern auch hüpfen und kleine Strecken fliegen. Es wäre also eigentlich ein Leichtes für das Männchen gewesen, seiner Mörderin zu entkommen ...

Gottesanbeterin – Zeugenaussagen 

Bei der Natur-Polizei findet ein Verhör statt.
Zeugen machen ihre Aussagen.

Lies genau und entscheide, ob die Aussage Wahrheit (W) oder Lüge (L) war. Notiere das Lösungswort.

	W	L
Die Täterin ist rot.	A	B
Sie sieht aus wie von einem anderen Stern.	E	K
Sie hat winzige Augen.	F	U
Zwei der Beine erinnern an Klappmesser.	T	O
Täter und Opfer sind gleich groß.	P	E
Die Tat wurde von einem Männchen begangen.	I	F
Das Männchen wollte sich mit dem Weibchen paaren.	A	U
Das Opfer flog am Ende davon.	A	N
Die Täterin hat aus Eifersucht gemordet.	E	G

Lösungswort: ______________________________

Denke dir Fragen aus, die du der Täterin stellen würdest. Sie müssen mit „Ja“ oder „Nein“ beantwortet werden können.

	J	N
______________________________		
______________________________		
______________________________		
______________________________		

____

Marienkäfer – Krimi

Lies den Krimi genau. Male dann ein Bild des Opfers in die Lupe.

Ein sehr wehrhaftes Opfer wollen wir heute unter die Lupe nehmen. Und zwar ein ganz kleines, das voller Erfindergeist und Mut steckt. Die Rede ist vom Marienkäfer. Obwohl er nicht sonderlich groß ist, schlägt er so manchen Feind in die Flucht. Und er hat dafür eine ganze Palette an Tricks auf Lager.

Zum einen wäre da seine Warntracht. So nennt man die auffällig rote Färbung seiner Flügel. Viele Feinde halten den winzigen Käfer für giftig. Denn im Tierreich gilt: Wer auffällig ist, kann es sich leisten – er hat gefährliche Waffen. Obwohl der Marienkäfer nicht giftig ist, hält er sich mit Trick Nummer eins schon viele Angreifer fern.

Trick Nummer zwei zum Schutz vor Feinden ist das Totstellen. Wer den gepunkteten Freund trotz seiner Warntracht angreift, fällt vielleicht auf diese clevere Abwehrmethode rein. Der Käfer bewegt sich nicht mehr und wartet ab, bis der Feind verschwindet. Viele Räuber fressen nämlich keine leblosen Tiere und lassen von ihnen ab, wenn sie sich nicht mehr regen.

Den letzten Trick beherrschen nicht viele Tiere. Und bei diesem Trick fließt sogar Blut! Es könnte gut sein, dass du das bereits einmal beobachtet hast. Hattest du schon einmal einen Marienkäfer in der Hand und danach gelbe Flecken auf der Handfläche, die komisch gerochen haben? Dann hat der Käfer Trick Nummer drei auch bei dir versucht. Diesen Trick wendet er an, wenn ihm die Situation besonders ausweglos erscheint. Er zieht dazu die Beine an. An seinen Beingelenken treten gelbe Tröpfchen aus. Das wird Reflexblutung genannt. Die gelbe Flüssigkeit schmeckt bitter und ist für manche Feinde giftig. Nicht für dich. Aber die Hände waschen musstest du dir wahrscheinlich danach schon. Oder?

Marienkäfer – Detektivaufgaben 

Notiere die wichtigsten Angaben zu diesem Kriminalfall.

Täter:

Opfer:

Waffe:

Motiv (Grund der Tat):

Zeige, dass du ein guter Detektiv bist.

1. Schreibe einen Steckbrief. Notiere dafür alles, was du über den Marienkäfer erfahren hast.
2. Was versteht man unter der „Warntracht" des Marienkäfers?
3. Welchen Beitrag leistet der Panzer des Marienkäfers für seine Atmung?

Der Marienkäfer trägt übrigens auch eine „Rüstung", vielmehr einen Panzer. Darin sind kleine Löcher, die sogenannten Stigmen. Durch diese Löcher dringt Luft in den Körper. Diese Luft braucht er zum Atmen. Der Marienkäfer atmet nicht über Lungen oder Kiemen, sondern über Tracheen.

Marienkäfer – Zeugenaussagen 

Bei der Natur-Polizei findet ein Verhör statt.
Zeugen berichten darüber, wie sich der Marienkäfer gewehrt hat.

Notiere die drei Tricks, die der Marienkäfer zur Abwehr seiner Feinde auf Lager hat. Vielleicht kennst du noch einen vierten Trick des Marienkäfers? Er hat etwas mit seiner „Rüstung“ zu tun.

Trick 1: ____________	
Trick 2: ____________	
Trick 3: ____________	
Trick 4: ____________	

Totenkopfschwärmer – Krimi 

Lies den Krimi genau. Male dann ein Bild der Opfer in die Lupe.

Er gleicht einer Festung, die früher Ritter vor ihren Feinden schützte. Er hindert Angreifer daran, in die „Festung“ zu gelangen. Er wird streng bewacht – und zwar nur von weiblichen Wachen. Die Rede ist von einem Bienennest, der Schauplatz unseres heutigen Falles.

Am Eingang des Bienennests stehen die Wächterinnen. Sie halten Feinde davon ab, ins Innere ihrer Behausung zu gelangen. Die Wächterinnen schrecken nicht davor zurück, ihren Bau mit Waffen zu verteidigen. Sie stechen und schütteln unerwünschte Eindringlinge ab.

Ein solcher Eindringling ist der Totenkopfschwärmer, ein ganz geschickter Dieb. Er geht nur nachts auf Beutefang. Der Falter hat es auf den Honig und den Nektar der Bienen abgesehen.

Weil die Wächterinnen die Bienen aus ihrem Volk am Geruch erkennen, er selbst aber anders riecht, bedient sich der Totenkopfschwärmer einer List: Er nimmt den Geruch des Bienennestes an und wird von den Wächterinnen nicht als Feind erkannt. So kann er es sich in Ruhe schmecken lassen und noch vor dem Morgengrauen entwischen.

Der Totenkopfschwärmer ist also kein Tier, das sich dauerhaft in fremde Nester einquartiert. Er kommt nur kurz zum Essen und verschwindet dann gleich wieder. Ungesehen von den Wächterinnen, die sich ihre Gäste lieber einmal genauer anschauen sollten ...

Totenkopfschwärmer – Detektivaufgaben 

Notiere die wichtigsten Angaben zu diesem Kriminalfall.

Täter:

Opfer:

Waffe:

Motiv (Grund der Tat):

Zeige, dass du ein guter Detektiv bist.

1. Schreibe einen Steckbrief des Täters. Notiere dafür alles, was du über den Totenkopfschwärmer erfahren hast.
2. Woher hat der Totenkopfschwärmer seinen seltsamen Namen? Schwärmt er für Totenköpfe? Betrachte dazu auch das Bild.
3. Was hat der Totenkopfschwärmer mit Zugvögeln gemeinsam?

Der Totenkopfschwärmer ist übrigens ein Wanderfalter. Jedes Jahr fliegt er von Afrika nach Europa und legt dabei eine sehr große Entfernung zurück. Das ist für ein so kleines Tier schon sehr beachtlich. Findest du nicht?

Totenkopfschwärmer – Zeugenaussagen 

Bei der Natur-Polizei findet ein Verhör statt. Ein Zeuge, der den Fall genau beobachtet hat, wird befragt. Hier sind seine Aussagen.

Finde die richtige Fortsetzung der Sätze.
Notiere die Buchstaben.
Lies das Lösungswort.

1. Der Eingang zum Bienenstock ist streng

L	geputzt.	W	bewacht.	A	parfümiert.

2. Unerwünschte Eindringlinge fürchten die stechenden

T	Kolleginnen.	I	Torhüterinnen.	A	Wächterbienen.

3. Der Totenkopfschwärmer hat Hunger und möchte Nektar und

B	Honig.	S	Pollen.	B	Larven.

4. Ohne seinen tollen Trick würde der Falter sofort wegen seines Geruches

C	gefressen werden.	E	erkannt werden.	P	verhaftet werden.

5. Der Totenkopfschwärmer übernimmt den Geruch

Q	des Waldes.	N	des Bienennests.	I	des Wachpersonals.

Lösungswort: ___ ___ ___ ___ ___

Male ein Bild vom Eingang des Bienenstockes. Wie stellst du dir die Wächterinnen vor?

Kreuzspinne – Krimi

Lies den Krimi genau. Male dann ein Bild des Opfers in die Lupe.

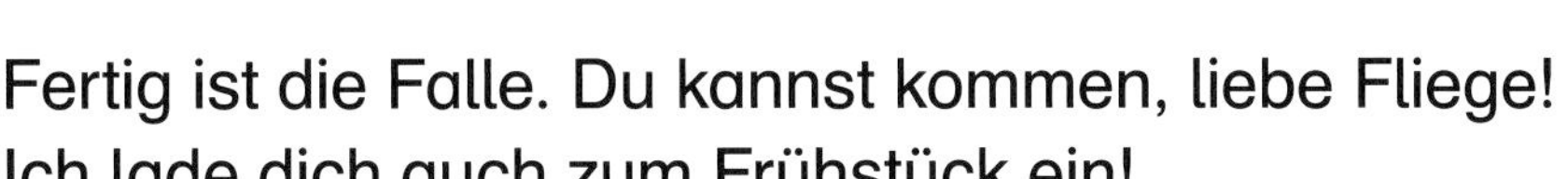

Fertig ist die Falle. Du kannst kommen, liebe Fliege! Ich lade dich auch zum Frühstück ein!

Das war vielleicht eine Arbeit! Eine Stunde habe ich jetzt gebaut. Viel Faden habe ich verarbeitet und das mitten in der Nacht. Mein Fangnetz ist fertig. Und es klebt herrlich!

Du schläfst noch. Aber bald wachst du auf und kommst zu Besuch. Sicher möchtest du dich an den Tautropfen laben, die sich in der feuchten, kühlen Nacht auf meinem Radnetz gesammelt haben. Ich muss nur noch kurz warten. Ich setze mich einfach in die Mitte meiner Falle. Wer sagt's denn? Da schwirrt doch schon ein Besucher durch die Luft! Er bemerkt mein durchsichtiges Netz gar nicht. Das ist gut.

Herzlich willkommen, liebe Fliege! Warum zappelst du denn so? Ich habe mir doch solche Mühe gegeben, es dir weich und kuschelig zu machen. Du willst fliehen? Keine Chance, mein Leim klebt zuverlässig. Du kannst nicht weg. Komm, ich wickle dich ein! Wie die Geschichte weitergeht, ahnst du sicherlich ...

Wusstest du auch, dass es Spinnen gibt, die ganz ohne Netz auf Beutefang gehen? Der Weberknecht ist ein solches Exemplar. Er kann weder ein Netz bauen noch hat er eine Giftdrüse. Der Weberknecht verspeist seine Beute, kleine Insekten, lebend. Auch er ist nachtaktiv.

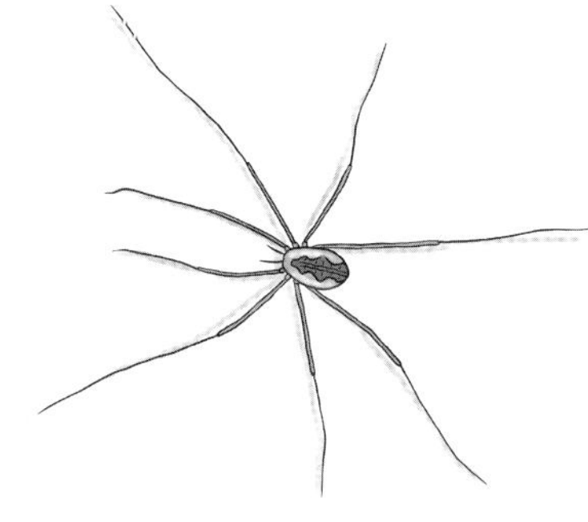

Kreuzspinne – Detektivaufgaben 

Notiere die wichtigsten Angaben zu diesem Kriminalfall.

Täter:

Opfer:

Waffe:

Motiv (Grund der Tat):

Zeige, dass du ein guter Detektiv bist.

1. Schreibe einen Steckbrief der Täterin. Notiere dafür alles, was du über die Kreuzspinne erfahren hast.
2. Wie betreibt die Kreuzspinne „Recycling"?
3. Warum können sich die Beutetiere nicht einfach so aus dem Netz befreien?

Kreuzspinnen bauen alle ein bis zwei Tage ein neues Netz. Das alte Netz fressen sie davor auf und verwenden es als Material für das neue Netz. Spinnen betreiben also auch Recycling! Die Spinnenseide ist viel dünner als dein Haar, aber sehr elastisch und fester als Stahl!

Kreuzspinne – Zeugenaussagen 

Bei der Natur-Polizei findet ein Verhör statt. Zeugen berichten, was sie über den Bau des Fangnetzes wissen.

Lies genau. Zeichne nach jedem Schritt das Bild weiter. Spinne so dein eigenes Netz.

Die Spinne lässt sich vom Wind zum anderen Ast tragen. Genau gegenüber von ihrem Ausgangspunkt klebt sie den Faden fest.

Die Spinne krabbelt auf dem horizontalen Faden bis zur Mitte und seilt sich dort ab. Sie zieht einen neuen Faden nach unten, sodass die Form eines Y entsteht. Das Grundgerüst ist fertig.

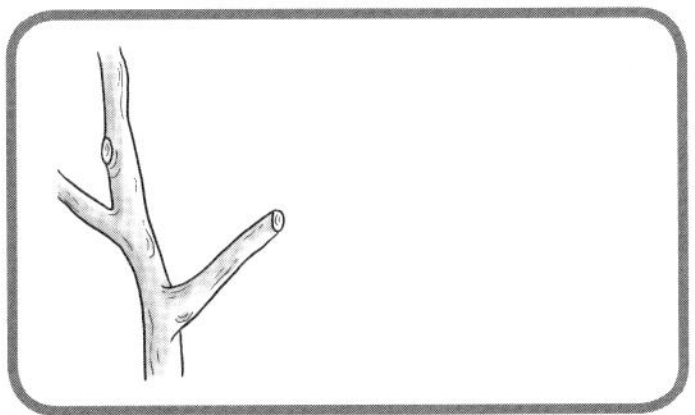

Nun klettert die Spinne zu einem der oberen Aufhängepunkte. Von dort aus beginnt sie, die Rahmenfäden zwischen den Eckpunkten zu ziehen. Jetzt ist ihr Netzrohbau fertig.

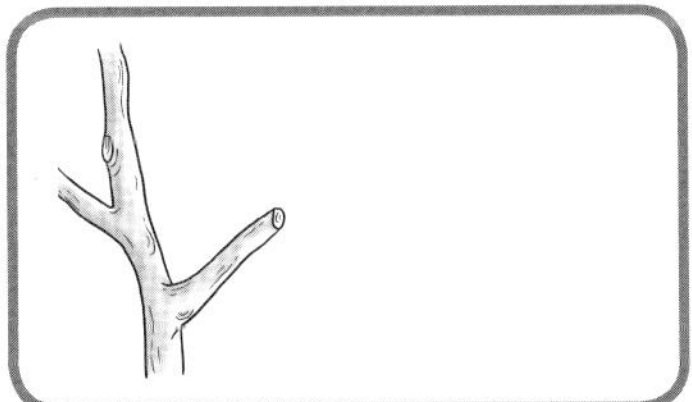

Nun baut die Spinne in diesen Rahmen Speichen ein. Das Netz sieht jetzt aus wie ein Rad.

In diesen Rahmen hinein spinnt die Spinne jetzt Spiralfäden. Sie läuft dazu immer rundherum und befestigt den Faden zwischen den einzelnen Speichen.

Nun sondert sie aus einer speziellen Drüse Leimtropfen ab. Diese sorgen dafür, dass das Opfer später kleben bleibt. Der Leim befindet sich aber nur auf den Spiralfäden.

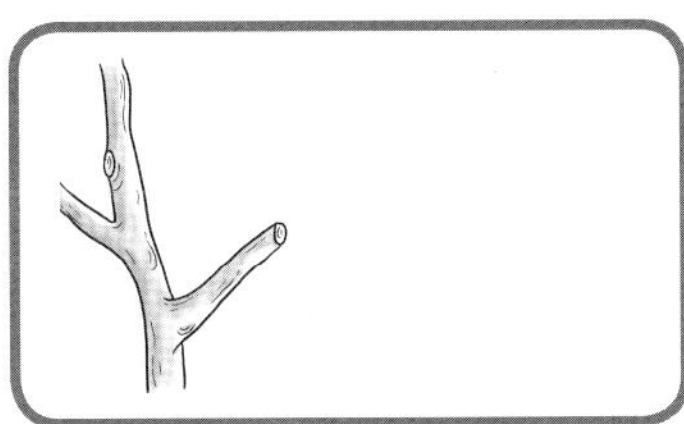

Die Spinne setzt sich in die Mitte ihres Netzes und wartet ab, bis ein Opfer sich nähert. Oft versteckt sie sich auch am Netzrand. Mithilfe eines Signalfadens überwacht sie das Fangnetz.

Borkenkäfer – Krimi

Lies den Krimi genau. Male dann ein Bild des Opfers in die Lupe.

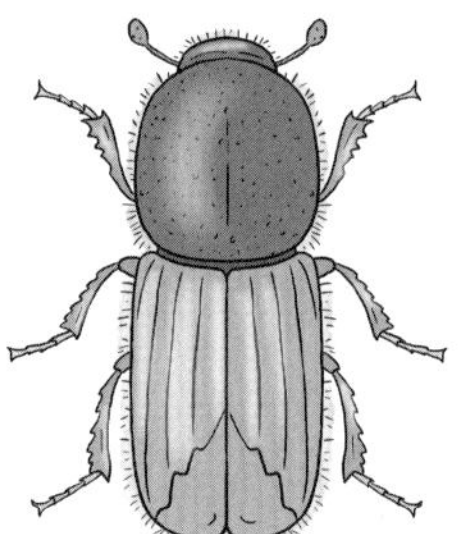

Mit riesigen Forstfahrzeugen und schwerem Gerät fahren sie vor. Sie machen finstere Gesichter und scheinen gar nicht angetan von dem, was sie da sehen. Nun machen sie kurzen Prozess: Sie rücken den Fichten zu Leibe, fällen sie und transportieren sie schnell ab. Mindestens 500 Meter vom Wald entfernt müssen sie sein, die Lagerplätze für die Stämme. Es scheint, als hätten die Menschen Angst vor weiteren Attacken.

Aber was ist denn überhaupt passiert? Und wer ist der Auslöser für dieses wilde Treiben, das wir Anfang Mai in einem Fichtenwald beobachten?

Wir haben es hier mit einem echten Fall von Sachbeschädigung zu tun. Nur Waldprofis können die verräterischen Spuren lesen, die unser heutiger Fall hinterlässt. Sie bemerken, dass sich die Kronen der Bäume braun gefärbt haben und die Rinde abblättert. Mit geschultem Auge sehen sie auch braunes Bohrmehl auf den Rindenschuppen der Fichten.

Diese Spuren stammen von einer Borkenkäferart, dem Buchdrucker. Er ist zwischen 4 und 5 Millimetern groß, dunkelbraun, behaart und hat einen länglichen Körper. Für die Eiablage bohren die Käfer lange Gänge in die Rinde oder das Holz. Sie ernähren sich vom Saft des Baumes und graben ihm damit buchstäblich das Wasser ab. Das führt dazu, dass der Baum abstirbt und gefällt werden muss.

Ein kleiner Käfer richtet so großen Schaden an! Er ist damit nicht zum Feind eines anderen Tieres geworden, sondern zum gefürchtetsten Schädling der Forstwirtschaft. Mit seinem Angriff richtet er in warmen Jahren Schäden an, die viel Geld kosten. Das sorgt für schlaflose Frühlingsnächte bei vielen Förstern und Waldbesitzern.

Borkenkäfer – Detektivaufgaben 

Notiere die wichtigsten Angaben zu diesem Kriminalfall.

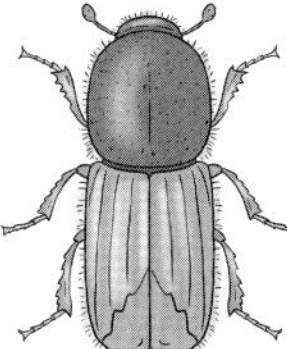

Täter:

Opfer:

Waffe:

Motiv (Grund der Tat):

Zeige, dass du ein guter Detektiv bist.

1. Schreibe einen Steckbrief des Täters. Notiere dafür alles, was du über den Buchdrucker erfahren hast.
2. Welche Spuren finden die Förster Anfang Mai in einem von Borkenkäfern befallenen Wald?
3. Woher hat der Buchdrucker seinen Namen?

Es gibt viele Arten von Borkenkäfern. Den Buchdrucker nennt man so, weil seine Gänge in der Baumrinde aussehen wie Buchstaben. Obwohl der Käfer irgendwie „schreiben“ kann, hat er den Förstern noch nie eine Nachricht hinterlassen.

Borkenkäfer – Zeugenaussagen 

Bei der Natur-Polizei findet ein Verhör statt. Du bist selbst Zeuge.

Beantworte die Fragen mit deinen eigenen Worten.

Wann fand der Übergriff des Borkenkäfers statt?

Welche Bäume waren besonders betroffen?

Warum greift der Käfer an, wenn es im Frühling wärmer wird?

Warum ist er bei den Menschen so gefürchtet?

Welche Idee hättest du, um den Wald vor dem Borkenkäfer zu schützen?

Ameisenbläuling – Krimi

Lies den Krimi genau. Male dann ein Bild des Täters in die Lupe.

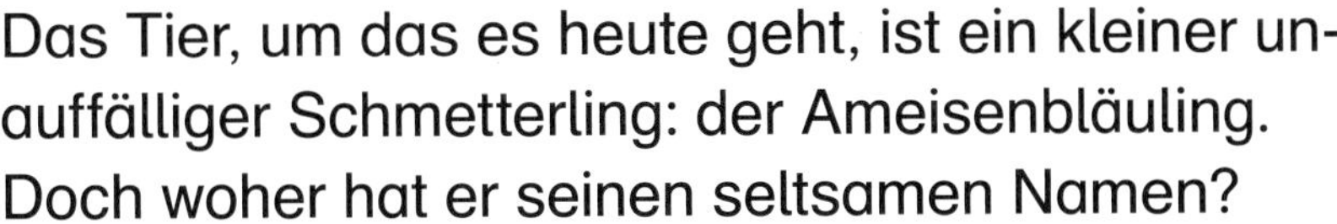

Das Tier, um das es heute geht, ist ein kleiner unauffälliger Schmetterling: der Ameisenbläuling. Doch woher hat er seinen seltsamen Namen?

Es gibt zwei Dinge, ohne die der Ameisenbläuling im wahrsten Sinne des Wortes nicht leben kann: der Große Wiesenknopf und die Rote Gartenameise. Die Pflanze braucht er zur Eiablage und die Ameisen zur Aufzucht der Jungen. Klingt verrückt? Tja, der Ameisenbläuling hat es faustdick hinter den Ohren.

Normalerweise töten Ameisen Schmetterlingsraupen und bringen sie als Beute in ihren Bau. Um die Raupen des Ameisenbläulings jedoch kümmern sie sich, als wären es ihre eigenen Kinder! Allerdings tun sie dies nicht ganz aus Nächstenliebe, sondern sie fallen auf einen schlauen Trick der Larve des Ameisenbläulings rein. Diese verfügen über duftende Honigdrüsen, von welchen die Ameisen gern naschen. Deshalb bringen sie die Raupen zum Überwintern in ihren Bau, um sie regelmäßig „melken“ zu können. Dabei merken sie nicht, dass sich die Raupe schön durchfuttert und Ameisenlarven verspeist, bis sie sich schließlich verpuppt. Nach etwa vier Wochen schlüpft der fertige Schmetterling aus dem Kokon. Er muss sich nun beeilen, den Ameisenbau so schnell wie möglich zu verlassen, damit er nicht gefressen wird. Er hat nämlich keine Tricks auf Lager, so wie die Raupen. In Freiheit sucht er sich dann wieder einen Wiesenknopf, um sich mit einem anderen Ameisenbläuling zu paaren. Und der Krimi beginnt von Neuem …

Ameisenbläuling – Detektivaufgaben 

Notiere die wichtigsten Angaben zu diesem Kriminalfall.

Täter:

Opfer:

Waffe:

Motiv (Grund der Tat):

Zeige, dass du ein guter Detektiv bist.

1. Schreibe einen Steckbrief des Täters. Notiere dafür alles, was du über den Ameisenbläuling erfahren hast.
2. Was frisst die Schmetterlingslarve, wenn sie im Ameisenbau überwintert?

3. Welches Tier bringen die Ameisen auch noch gern in ihren Bau, ohne es zu fressen?

Ameisen „kümmern" sich übrigens auch gern um Blattläuse, da sie gern vom Honigtau naschen, den die Blattläuse ausscheiden. Die Ameisen „melken" dafür die Läuse und bringen sie und ihre Eier manchmal sogar zum Überwintern in ihr Nest, um sie vor Kälte zu schützen. Sogar vom Regen fortgespülte Larven werden von den Ameisen gesucht und zurückgeholt.

Ameisenbläuling – Zeugenaussagen 

Bei der Natur-Polizei findet ein Verhör statt.
Nicht alle Zeugen sagen die Wahrheit.

Kreuze die richtigen Antworten an. Schreibe die angekreuzten Buchstaben in die Kästchen unten. Prüfe das Lösungswort.

1. Was tun die Ameisen mit den Larven des Ameisenbläulings?

DE	Sie füttern die Raupen mit Honig.
BE	Sie tragen die Raupen in ihr Nest.
AU	Sie fressen die Raupen.

2. Wovon ernähren sich die Raupen?

TR	Sie fressen die Larven der Ameisen.
TA	Sie fressen die Blüten des Wiesenknopfes.
RE	Sie fressen Honig.

3. Was macht ein frisch geschlüpfter Ameisenbläuling?

AR	Er verbringt sein restliches Leben im Ameisenbau.
UG	Er verlässt den Ameisenbau so schnell wie möglich.
MA	Er zieht die Larven der Ameisen auf.

1.	2.	3.

Ameisenlöwe – Krimi 

Lies den Krimi genau. Male dann ein Bild des Opfers in die Lupe.

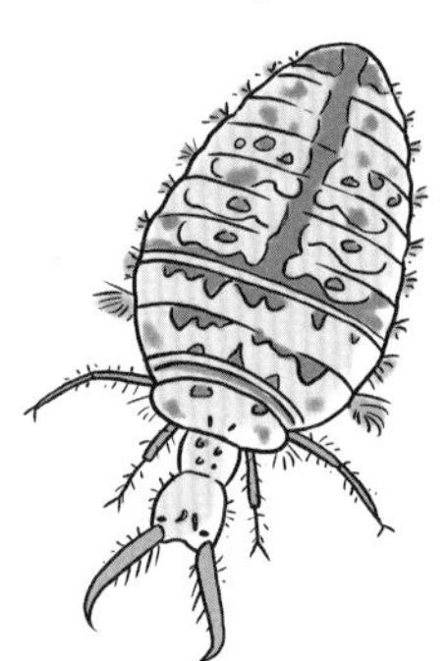

Was zuvor geschah:

Der Ameisenlöwe ist fleißig. Rückwärts gräbt er sich in den lockeren Sand ein. Seinen Hinterleib schiebt er dazu immer weiter in den Boden. Beim Graben ahmt er mit seinem Körper eine Spirale nach, die immer enger wird. Seine Zangen benutzt er wie Baggerschaufeln. Immer wieder schleudert er damit kleine Ladungen Sand

aus dem Sandtrichter heraus. Auf diese Weise baut sich der Jäger innerhalb von 15 Minuten eine Falle für seine Beute. Von außen sieht diese wie ein kleiner Sandkrater aus, in dessen Mitte ein kleines Loch ist. Sie ähnelt einem Trichter, wie du ihn links siehst.

Was gerade passiert:

Eine Ameise krabbelt umher. Mit ihren Fühlern betastet sie den lockeren Sand. Sie ist offensichtlich auf der Suche nach etwas Fressbarem. Ahnungslos ist sie. Sie bemerkt noch nicht, dass der Boden sich jetzt buchstäblich unter ihren Füßen auftut. Und schon beginnt sie zu rutschen! Noch versucht sie, sich durch heftiges Strampeln vor dem Fallen zu retten. Aber sie hat keine Chance. Wie durch eine unsichtbare Macht wird sie in den Sandtrichter gezogen.

Dort unten wartet schon jemand auf sie: der Ameisenlöwe. Er sitzt an der Spitze des Trichters und baut sich mit weit gespreizten Zangen vor der kleinen Ameise auf. Als Nächstes schleudert er den lockeren Sand auf sein Opfer, um dieses an der Flucht zu hindern. Sobald er die Ameise erreicht, packt der Minilöwe zu, schnappt sein Opfer und betäubt es mit seinem Gift. Mit seinen Saugzangen saugt er die Ameise aus. Den leeren Panzer der Ameise schleudert er weg.

Das 1 Zentimeter lange Tier ist aber kein wirklicher Löwe, sondern die Insektenlarve der Ameisenjungfer. Weil der Ameisenlöwe räuberisch lebt und sich von Ameisen ernährt, trägt er diesen Namen. Nach zwei Jahren verpuppt sich der Meister des Fallenbaus und wird zur Ameisenjungfer. Bis zur Verpuppung jagt er aus Hunger.

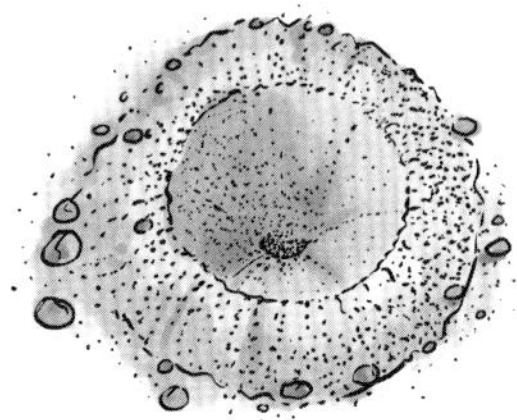

Ameisenlöwe – Detektivaufgaben 

Notiere die wichtigsten Angaben zu diesem Kriminalfall.

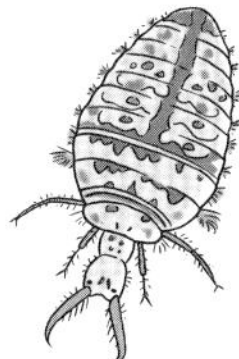

Täter:

Opfer:

Waffe:

Motiv (Grund der Tat):

Zeige, dass du ein guter Detektiv bist.

1. Schreibe einen Steckbrief des Täters. Notiere dafür alles, was du über den Ameisenlöwen erfahren hast.
2. Wie baut der Ameisenlöwe den Fangtrichter?

3. Was fressen die Ameisenjungfern?

Die Ameisenjungfer sieht eher aus wie eine kleine Libelle. Seine Netzflügel benötigt das Tier zum Fliegen, kann dies aber nicht sonderlich gut. Ameisenjungfern jagen kleine Insekten und fressen auch Nektar und Pollen. In Europa können sie bis zu 5 Zentimeter lang werden.

Ameisenlöwe – Zeugenaussagen 

Bei der Natur-Polizei findet ein Verhör statt. Die Zeugenaussagen sind allerdings durcheinandergeraten.

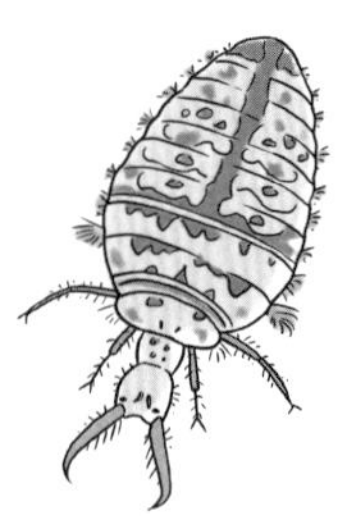

Schneide die Wortkarten aus. Der Satzanfang ist dick gedruckt. Lege sinnvolle Sätze und notiere diese auf einem Blatt. Achte auf Groß- und Kleinschreibung. Vergiss nicht den Punkt am Satzende.

DEN	**DER**	BRAUCHT	MINUTEN
FALLENBAU	FÜR	AMEISENLÖWE	15

SCHNELL	DIE	LEGT	SICH
LAUER	ER	**DANN**	AUF

IM	BEUTE	SAND	ER
SEINE	LOCKEREN	AUF	WARTET

KEINE	DIE	AMEISE	SANDFALLE
CHANCE	**IN**	DER	HAT

DER	SCHNELL	LÖWE	IHREN
AUS	HUNGRIGE	SAUGT	PANZER

Zitteraal – Krimi

Lies den Krimi genau. Male dann ein Bild des Gegenstands, mit dem der Täter verglichen wird.

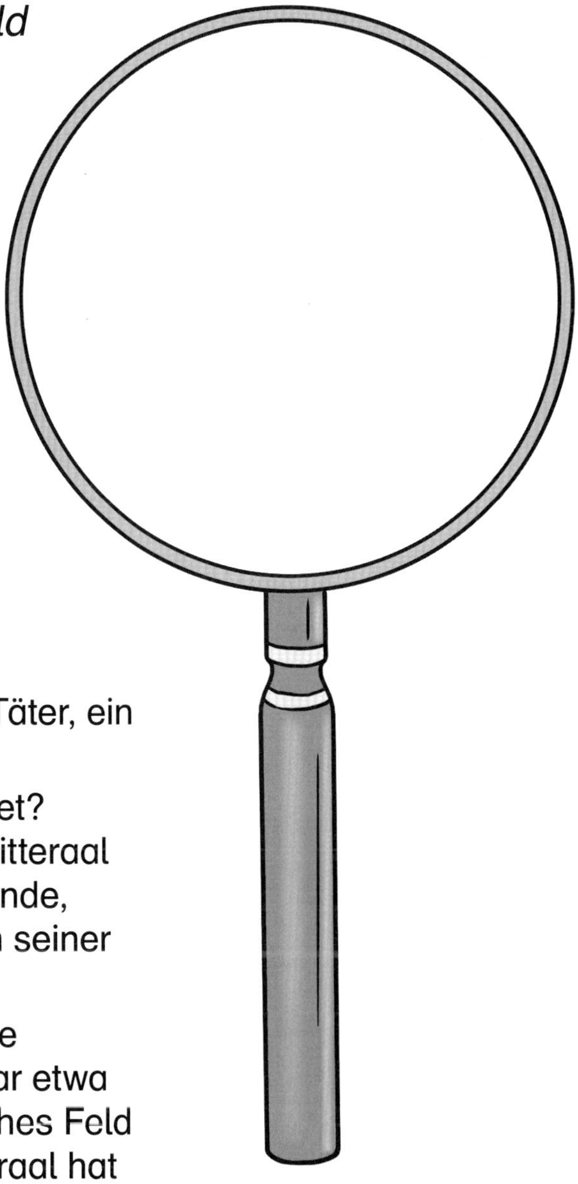

Stromstöße von 600 Volt durchfließen den Körper des kleinen Fisches. Sie lähmen ihn augenblicklich. Der Fisch ist wehrlos. Unser Täter, ein Zitteraal, packt zu.

Hat er das Opfer jetzt etwa durch Zufall getötet? Nein, Zufall war der starke Strom nicht. Der Zitteraal benötigt ihn zu seiner Verteidigung gegen Feinde, aber auch – wie hier – als Waffe zum Erlegen seiner Beute.

Allerdings sendet der Zitteraal dauernd leichte elektrische Signale von etwa 10 Volt, und zwar etwa 150 pro Minute. Dadurch baut er ein elektrisches Feld auf, durch das er sich zurechtfindet. Der Zitteraal hat nämlich sehr, sehr schlechte Augen. Um sich orientieren zu können, braucht er dieses elektrische Feld. Sobald eine Beute vorbeischwimmt, verändert diese das Feld und der Zitteraal ist alarmiert.

Der Beutefisch merkt von alldem nichts. Der Zitteraal hat ihn also nur durch seinen Strom „gesehen“.

Wie aber kommt der Strom in den Zitteraal? Zitteraale bestehen aus bis zu 6000 länglichen, übereinanderliegenden Muskelzellen. Gibt ihr Gehirn diesen Zellen den Befehl „Strom an“, so werden diese aktiviert. Jede Zelle produziert eine kleine Menge Strom. Aber in „Kettenschaltung“ entsteht die Stromspannung von 600 Volt! Aus einer Steckdose kommen bei uns nur 230 Volt. Den Zitteraal kannst du dir dabei übrigens wie eine Batterie mit zwei Polen vorstellen: Der Kopf ist der Pluspol, das Schwanzende der Minuspol.

Zusammenfassend kann man sagen, dass der Zitteraal tödliche Stromfallen auslegt – und dafür nicht einmal eine Steckdose benötigt.

Zitteraal – Detektivaufgaben 

Notiere die wichtigsten Angaben zu diesem Kriminalfall.

Täter:

Opfer:

Waffe:

Motiv (Grund der Tat):

Zeige, dass du ein guter Detektiv bist.

1. Schreibe einen Steckbrief. Notiere dafür alles, was du über den Zitteraal erfahren hast.
2. Wozu benötigt der Zitteraal den Strom? (drei Funktionen)
3. Wie stark ist der „Orientierungsstrom“ und wie stark der für den Angriff?

Dieses Lebewesen ist genau genommen eine wirkliche Mogelpackung. Man nennt ihn Zitteraal, obwohl er gar kein Aal ist. Es zählt zu den Neuwelt-Messerfischen. Als Aal wurde er bezeichnet, weil er Aalen durch seinen schlangenähnlichen, langen Körper sehr ähnelt. Er produziert Strom, ist aber kein Kraftwerk, keine Solarzelle und auch kein Windrad.

Zitteraal – Zeugenaussagen 

Bei der Natur-Polizei findet ein Verhör statt. Alle reden durcheinander. Einige Wörter sind in dem Lärm schlecht zu verstehen.

Schau dir das Wortgitter an und finde zehn Wörter aus dem Krimi. Kreise sie farbig ein und notiere sie unten auf den Linien.

X	D	E	R	B	Z	H	N	J	I	U	L	M	K	L	L	O	L
O	C	S	T	R	O	M	S	T	O	S	S	X	D	F	V	F	A
R	Y	X	A	S	W	Q	A	S	S	C	F	G	H	J	R	T	L
I	X	J	G	Q	W	E	R	B	Z	R	B	Y	I	O	P	Ü	A
E	Y	H	E	C	V	F	G	H	J	E	V	O	L	T	G	J	R
N	S	L	H	X	L	I	J	Z	D	F	Z	X	Y	A	Q	W	M
T	A	Ö	I	Q	Ü	Ä	L	Ö	X	D	G	Ä	L	L	Z	W	I
I	Q	Z	R	A	S	F	E	L	D	Ä	Y	X	D	F	I	Q	E
E	D	U	N	Y	A	Q	W	T	I	Ö	O	P	Ü	N	T	Ö	R
R	C	Ä	A	Y	F	G	H	J	J	T	Z	Z	I	O	T	Ä	T
E	V	D	Y	X	D	F	F	H	J	Ä	Ä	B	N	M	E	Ü	X
N	S	E	L	E	K	T	R	I	S	C	H	P	Ü	Ö	R	X	S
Y	C	X	C	V	B	B	N	G	R	E	E	R	T	Z	A	C	A
Ö	M	U	S	K	E	L	Z	E	L	L	E	N	Ä	V	A	D	W
Ä	A	L	D	F	R	R	T	H	Z	Ö	P	O	P	G	L	F	I
A	S	S	W	E	C	T	L	Ö	B	E	U	T	E	B	Ö	G	U
S	X	Z	T	Ü	B	H	K	L	Ö	M	J	U	T	H	Z	B	E

Erzähle einem Partner mithilfe der Wörter, was du über den Zitteraal weißt.

Anglerfisch – Krimi

Lies den Krimi genau. Male dann ein Bild der Waffe des Täters in die Lupe.

Unser nächster Täter trägt einen etwas unheimlichen Namen: Seeteufel. Unter diesem Namen findest du ihn auch im Fischhandel. Du erkennst ihn an seinem schuppenlosen, flachen Körper und seinem extrem breiten Maul mit den kräftigen Zähnen. Richtig angsteinflößend sieht er aus! Er kann bis zu 1,80 Meter lang und bis zu 50 Kilo schwer werden. Wenn er nicht gefangen wird, kann er ein Alter von 24 Jahren erreichen.

Der Seeteufel ist auch unter dem Namen „Anglerfisch" bekannt. Und dieser Name hat etwas mit seinem Jagdverhalten zu tun. Schauen wir ihm doch dabei zu!

Ruhig und abwartend liegt der Anglerfisch auf dem Grund des Meeres. Der Raubfisch ist hellwach und beobachtet genau das Geschehen um sich herum. Aus dem ersten Strahl seiner Rückenflosse ragt eine „Angel" heraus. Beim Tiefsee-Anglerfisch leuchtet ihr „Köder" und lockt so Beutetiere an.

Ein Rochen schwimmt des Weges. Er hält Ausschau nach Futter. Den Anglerfisch bemerkt er gar nicht. Denn dieser ist durch seine Zeichnung perfekt an seine Umgebung angepasst und macht sich jetzt noch flacher. Er ist ein Meister der Tarnung und kann sogar die Farbe seiner Haut verändern. Der Rochen ist nur noch wenige Körperlängen vom „Angler" entfernt. Und nun beginnt dieser damit, seinen Köder zu bewegen. Der Rochen freut sich, endlich Beute gefunden zu haben. Und er wird selbst zur Beute! Nachdem sich der Anglerfisch in eine günstige Position zum Angreifen gebracht hat, öffnet er sein riesiges Maul. Er saugt den Rochen auf und verschließt seine Speiseröhre mit einem starken Ringmuskel. Dem Opfer ist eine Flucht unmöglich – obwohl das Gebiss des Anglerfisches nicht einmal zuschnappt! Der Seeteufel ist also gar nicht so teuflisch. Er jagt ohne Blutvergießen und natürlich auch nur, weil er Hunger hat.

Anglerfisch – Detektivaufgaben 

Notiere die wichtigsten Angaben zu diesem Kriminalfall.

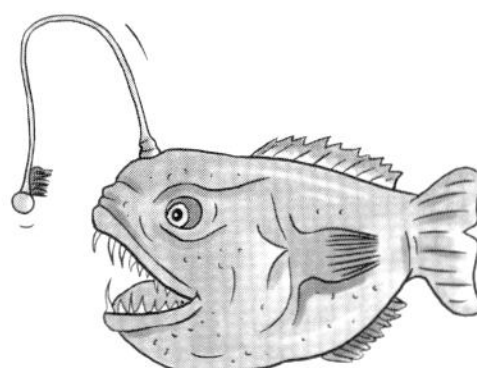

Täter:

Opfer:

Waffe:

Motiv (Grund der Tat):

Zeige, dass du ein guter Detektiv bist.

1. Schreibe einen Steckbrief des Täters. Notiere dafür alles, was du über den Anglerfisch erfahren hast.
2. Wie kommt der Anglerfisch zu seinem Namen? Beschreibe.
3. Womit gibt der Seeteufel den Forschern immer noch Rätsel auf?

Biologen ist es übrigens immer noch ein Rätsel, wie der Anglerfisch so schnell zuschnappen kann. Er schließt sein Maul schneller, als Muskeln sich normalerweise zusammenziehen. Warten wir einmal ab, wann die Forscher das Rätsel lüften! Der Anglerfisch hätte also auch den Namen „Wunderfisch" verdient.

Anglerfisch – Zeugenaussagen 

Bei der Natur-Polizei findet ein Verhör statt.
Du bist selbst Zeuge.

Beantworte die Fragen mit deinen eigenen Worten.

Wie „angelt" der Anglerfisch? Beschreibe.

Wie sieht die „Angel" aus? Warum spricht man von einer Angel?

Braucht der Anglerfisch seine gefährlichen Zähne zum Zubeißen oder hat der Fisch eine andere Alternativwaffe?

Wie wird der Seeteufel selbst zum Opfer?

Hai – Krimi

Lies den Krimi genau. Male dann ein Bild des Täters in die Lupe.

Wie die Cowboys im Wilden Westen hat er einen Revolver, aber damit kann er nicht schießen. Er hat nicht einmal Arme. Trotzdem jagt er mit seiner Waffe. Und zwar sehr erfolgreich.

Die Rede ist vom Hai. Er gilt als Ungeheuer der Meere, obwohl er das eigentlich gar nicht ist. Haie jagen in der Regel aus Hunger. Er greift meist nur an, wenn er sich bedroht fühlt.

Wahrscheinlich hat vor allem dem Weißen Hai sein Aussehen den schrecklichen Ruf eingebracht. An seiner dreieckigen Rückenflosse und der sichelförmigen Schwanzflosse liegt das wohl nicht. Eher schon an seiner Größe von 4 bis 7 Metern. Und sicher an seinem riesigen Gebiss – seiner Waffe.

Schauen wir uns diese Waffe doch einmal genauer an. Die dreieckigen Zähne können über 7 Zentimeter lang werden und haben einen gesägten Rand. Sie stehen in Reihen oder Bögen. Die vordere Reihe mit den aktiven Zähnen ist immer geschlossen, die hintere bildet sozusagen die Reserve. Zur Schnauzenspitze hin werden die Zähne immer größer. Im Oberkiefer liegen 23 bis 28 Zähne, unten sind es zwischen 20 und 26.

Wo hat der Hai denn nun seinen Revolver? Er hat ein Revolvergebiss. Das bedeutet, dass der Hai für jeden ausgefallenen Zahn innerhalb kurzer Zeit einen Folgezahn in die vorderste Zahnreihe schiebt und somit wieder ein lückenloses Gebiss hat. Ähnlich wie mit den Kugeln bei einem echten Revolver. Er hat sozusagen einen natürlichen Zahnvorrat. Beim Hai stehen oder liegen nämlich hinter jedem Zahn Folgezähne in ganz unterschiedlichen Entwicklungsstadien. Diese schieben sich nach vorn, sobald sich eine Lücke bildet.

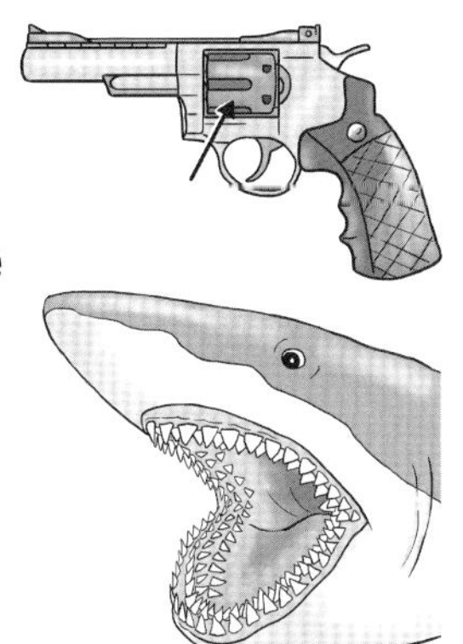

Hai – Detektivaufgaben 

Notiere die wichtigsten Angaben zu diesem Kriminalfall.

Täter:

Opfer:

Waffe:

Motiv (Grund der Tat):

Zeige, dass du ein guter Detektiv bist.

1. Schreibe einen Steckbrief. Notiere dafür alles, was du über den Hai erfahren hast.
2. Warum haben Haie keine Zahnlücken?
3. Was ist die Besonderheit am Zahnwechsel des Zigarrenhais?

Es gibt übrigens einen Hai, bei dem sich die Zähne nicht einzeln nachschieben, sondern gleich eine ganze Zahnreihe. Beim Zigarrenhai wechseln alle Zähne gleichzeitig.

Hai – Zeugenaussagen 

Einige Zeugen haben die Essgewohnheiten des Hais beobachtet.

Verbinde die Satzhälften. Finde so heraus, was du vielleicht noch nicht wusstest.

Haie leben vor allem in Gebieten, in denen es	größere zerteilen sie mit einem beherzten Biss in Stücke.
Wenn sie länger keine lebendige Nahrung finden,	Robben, Fische, Meeresschildkröten oder kleine Wale gibt.
Kleinere Tiere schlucken sie ganz hinunter,	selten mit anderen Haien gemeinsam auf Jagd geht.
Der Hai ist in der Regel ein Einzelgänger, der nur	weil er sie für Beutetiere hält.
Menschen auf Surf-brettern werden vom Hai meist nur angegriffen,	fressen Haie auch Aas (tote Tiere).
Der einzige tierische Feind des Weißen Hais	ist der Schwertwal (Orca).

Seewespe – Krimi

Lies den Krimi genau. Male dann ein Bild des Täters in die Lupe.

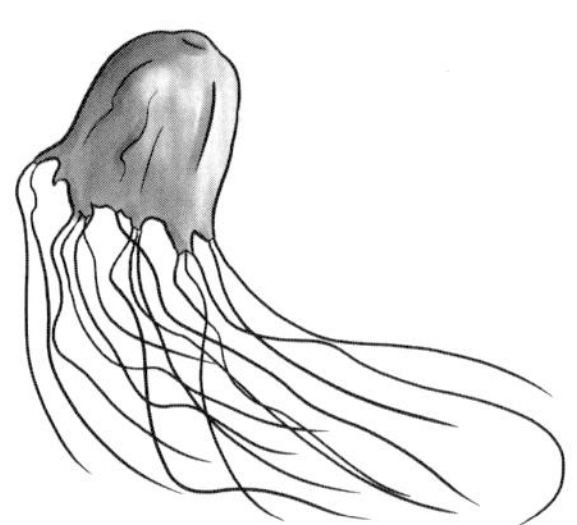

Wie ein Fallschirm schwebt die Seewespe im Meer umher, scheinbar schwerelos. Sie sieht aus wie Gelee, glibberig und fast glasklar, wie Quallen eben so sind. Der glockenförmigen Dame beim Schwimmen zuzusehen, macht Freude. Immer wieder zieht die Seewespe ihren schirmartigen Körper zusammen und drückt dabei Wasser aus ihm heraus. Per Rückstoß bewegt sie sich schwebend vorwärts, wieder und wieder.

So romantisch und harmlos, wie sie aussieht, ist die Seewespe aber keineswegs. Fische, Garnelen und Wasserflöhe müssen am eigenen Leib erfahren, wie unschön es ist, diese Qualle als Feind zu haben. Denn sie ist eine Meisterschützin. Jeder Schützenverein wäre froh, einen so schnellen und zielsicheren Schützen zu haben, der seine Schusswaffe gleich am Leibe trägt.

Die Waffe der Seewespe sind ihre Nesselkapseln. Sie sind winzig und liegen innerhalb der Fangarme, die auch Tentakel genannt werden. Berührt das Tier mit einem der 60 Tentakel ein anderes Tier, setzt sich ein „kleiner Schussapparat" in Gang:

In jeder Nesselkapsel steckt ein winziger Schlauch mit einer klitzekleinen Nadel. Im Ruhezustand ist er aufgewickelt. Die Berührung setzt eine Art Explosion in Gang. Der Druck der Nesselkapsel steigt, der Deckel der Kapsel springt auf und der kleine Giftfaden schnellt hervor und bohrt das spitzige Ende in die Haut des Opfers. Gift tritt aus.

Die Seewespe gilt nicht umsonst als gefährlichste Qualle der Welt. Denn sie hat nicht nur eine Nesselkapsel, sondern 150 bis 200 Millionen. Mit ihrem Gift könnte unsere Schützenkönigin etwa 250 Menschen töten.

Solltest du also einmal in Australien Urlaub machen, sei auf der Hut vor ihren langen „Armen". Oder kaufe dir einen nesselsicheren Taucheranzug – denn nur der schützt vor der tödlichen Waffe der Meeresschönheit.

Seewespe – Detektivaufgaben 

Notiere die wichtigsten Angaben zu diesem Kriminalfall.

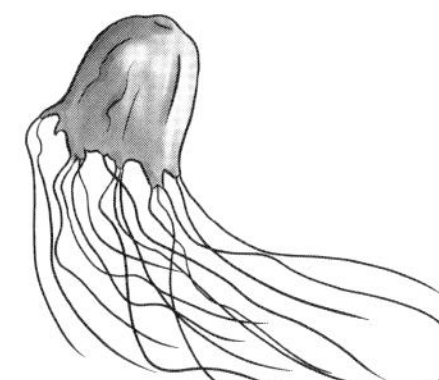

Täter:

Opfer:

Waffe:

Motiv (Grund der Tat):

Zeige, dass du ein guter Detektiv bist.

1. Schreibe einen Steckbrief der Täterin. Notiere dafür alles, was du über die Seewespe erfahren hast.
2. Welche Tiere werden Opfer der Seewespe?
3. Welche Länge haben die Fangarme der Seewespe beim Jagen und welche in der Schwimmposition?

Die Fangarme der Seewespe verändern sich je nach Situation. Beim Schwimmen sind sie zusammengezogen und dann nur etwa 5 bis 15 Zentimeter lang. Jagt die Seewespe, fährt sie ihre Tentakel aus, indem sie die Muskeln lockert. Dann sind ihre Fangarme 2 bis 3 Meter lang und werden wie ein Netz ausgelegt.

Seewespe – Zeugenaussagen 

Eine Seewespe hat einen Jungen verletzt, der beim Spielen im flachen Wasser die durchsichtige Qualle zufällig berührt hat. Der Junge musste sofort ins Krankenhaus gebracht werden. Dort wurde er zum Glück schnell richtig behandelt und hat überlebt. Leider gehen nicht alle Begegnungen mit der gefährlichen Qualle gut aus. Bei der Natur-Polizei findet ein Verhör mit der Seewespe statt.

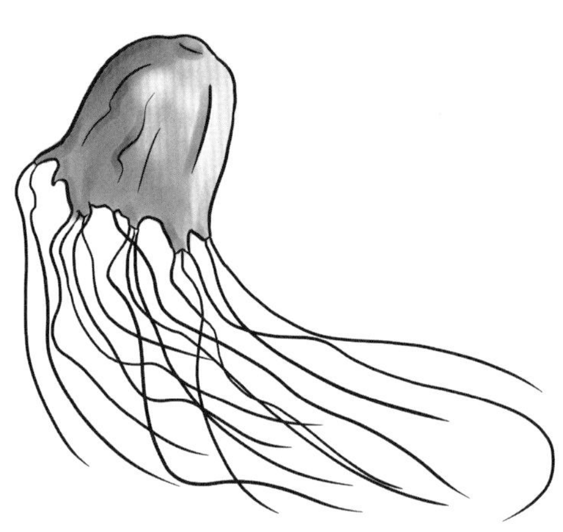

Was antwortet die Seewespe? Kreuze an.

Warum hast du den Jungen angegriffen?

- ☐ Weil ich ihn verspeisen wollte. Menschen sind mein Lieblingsessen.
- ☐ Weil ich testen wollte, ob meine Nesseln noch funktionieren.
- ☐ Weil er mich berührt hat, da setzte sich meine Waffe automatisch in Gang.
- ☐ Weil der Junge meine Beute vertrieben hat.

Benutzt du deine Schusswaffe nicht nur, wenn du hungrig bist?

- ☐ Ich schieße aus Lust und Laune.
- ☐ Ich schieße, wenn mich jemand berührt.
- ☐ Ich schieße nie.

Du bist also sehr gefährlich. Hast du auch noch positive Eigenschaften?

- ☐ Ich kann gut tanzen.
- ☐ Ich sehe wunderschön aus.
- ☐ Ich bewege mich nur mit Wasserkraft vorwärts.
- ☐ Ich lebe an einem wundervollen Sandstrand.
- ☐ Ich bin ein beliebtes Fotomotiv.

Austernbohrer – Krimi

Lies den Krimi genau. Male in die Lupe, wie die Polizei den Tatort vorfindet.

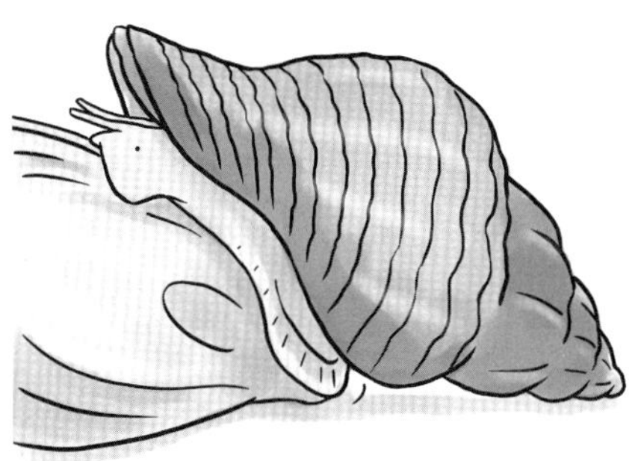

Das eigentliche Opfer ist verschwunden. Es ist längst gefressen. Am Strand liegt nur noch ein kleiner Hinweis darauf, dass es einmal gelebt hat: eine Muschelschale mit Loch. Und die weist auf einen Einbruch hin.

Was zuvor geschah:
Eine Auster liegt auf dem Meeresboden. Sie hat sich in den Sand eingegraben und filtert mit ihrem Sipho kleinste Lebewesen aus dem Wasser. Der Sipho ist eine Art Schnorchel, der durch die harte Muschelschale ins Wasser hineinragt.

Geschützt wird die Muschel von ihren beiden Schalenhälften. Diese umschließen ihren weichen Körper wie eine schützende Ritterrüstung und sind meist fest verschlossen.

Im Sand nähert sich ein gepanzertes Tier. Es sieht ganz harmlos aus.
Der kleine Austernbohrer, eine Wasserschnecke, durchpflügt den Meeresgrund – ebenfalls auf der Suche nach Nahrung. Sie frisst am liebsten Weichtiere. Schon hat sie die Auster entdeckt. Und sofort kriecht die Schnecke auf die Muschel und untersucht deren Schale genau.

Von ihrem Kriechfuß sondert sie dann einen besonders klebrigen Schleim ab. Dank dieses „Zauberklebers" gelingt es der Schnecke, die Muschel immer tiefer in den sandigen Boden zu ziehen. Der Schleim dient aber auch dazu, die Schale der Muschel weicher zu machen. Die Schnecke hat noch eine weitere Waffe parat. Mit ihrer Raspelzunge hobelt oder bohrt sie ein Loch in die Schale. Dafür braucht sie mehrere Tage. Ihre Beute hat sich die Schnecke dann redlich verdient. Sie fährt ihren Saugrüssel aus und saugt den weichen Muschelkörper wie mit einem Staubsauger auf. Und was bleibt von der Muschel übrig?

Austernbohrer – Detektivaufgaben 

Notiere die wichtigsten Angaben zu diesem Kriminalfall.

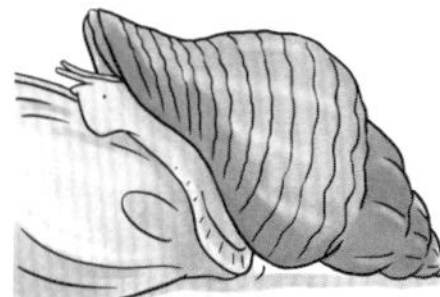

Täter:

Opfer:

Waffe:

Motiv (Grund der Tat):

Zeige, dass du ein guter Detektiv bist.

1. Schreibe einen Steckbrief der Täterin. Notiere dafür alles, was du über den Austernbohrer erfahren hast.
2. Wie kam der Austernbohrer zu seinem Namen?
3. Was haben die Bohrschnecken von Baustellen mit dem Austernbohrer gemeinsam? Betrachte dazu das Bild.

Auch auf Baustellen gibt es Bohrschnecken. Das sind zwar keine Tiere, aber sie haben trotzdem einiges mit der heutigen Täterin gemeinsam …

Austernbohrer – Zeugenaussagen 

Bei der Natur-Polizei findet ein Verhör statt.
Die Zeugen machen ihre Aussagen.

Trage die Wörter in den Lückentext ein.

Schale | Wasserschnecke | Schleim
Saugrüssel | Kriechfuß | Auster | Raspelzunge

Der kleine Austernbohrer, eine ____________________, durchpflügt den Meeresgrund auf der Suche nach Nahrung. Sie frisst am liebsten Weichtiere. Schon hat sie die ____________________ entdeckt. Die Schnecke kriecht auf die Muschel und untersucht deren Schale genau. Von ihrem ____________________ sondert sie dann einen besonders klebrigen ____________________ ab. Dieser dient dazu, die ____________________ der Muschel weicher zu machen. Mit ihrer ____________________ beginnt die Schnecke nun, ein Loch in die Schale zu bohren. Sie fährt ihren ____________________ aus und saugt den weichen Muschelkörper wie mit einem Staubsauger auf.

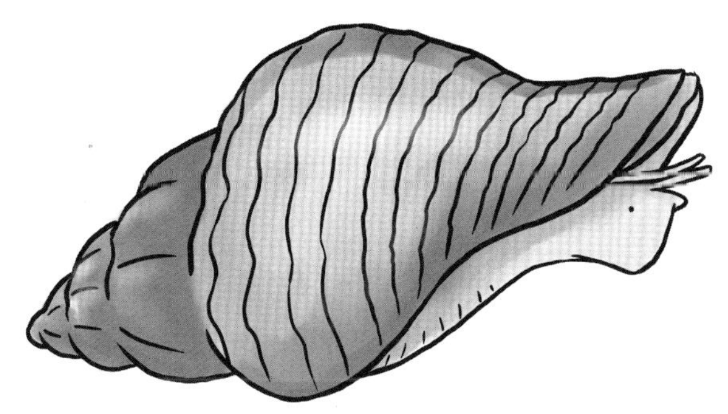

Hauskatze – Krimi

Lies den Krimi genau. Male dann das Bild eines Beutetiers in die Lupe.

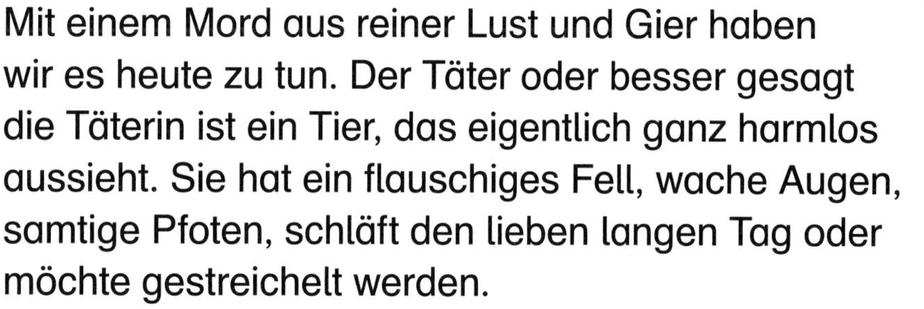

Mit einem Mord aus reiner Lust und Gier haben wir es heute zu tun. Der Täter oder besser gesagt die Täterin ist ein Tier, das eigentlich ganz harmlos aussieht. Sie hat ein flauschiges Fell, wache Augen, samtige Pfoten, schläft den lieben langen Tag oder möchte gestreichelt werden.

Dieser harmlose Eindruck ist eben nur die halbe Wahrheit. Denn die Katze kann auch ganz anders. Sie ist ein erbarmungsloser Jäger. Gehen wir mit ihr auf einen Raubzug!

Die Katze jagt im Alleingang. Stundenlang strolcht sie lautlos durch ihr Revier und sucht nach einem geeigneten Opfer. Hat sie eines gefunden und dieses flüchtet in ein Versteck, beweist unsere Täterin extreme Ausdauer. Lautlos liegt sie da und beobachtet genau, was im Versteck passiert. Für sie ist es nur ein Spiel. Für das Opfer ist diese Situation lebensgefährlich. Denn meist hat das Opfer weniger Geduld als die Jägerin. Kommt es vorsichtig aus seinem Loch, schlägt sie gnadenlos zu. Sie fährt ihre scharfen Krallen aus, schnappt blitzschnell zu und spielt dann seelenruhig mit dem Opfer. Je mehr sich dieses wehrt, desto spannender findet sie es. Auch wenn das Opfer nicht mehr lebt, geht das Spiel noch weiter.

Dabei möchten die Katzen ihre Beutetiere nach dem Spielen oft nicht fressen. Die meisten müssen sich ihr Futter nicht mehr selbst besorgen. Aber zur Verteidigung der Katzen muss gesagt werden, dass diese auch irgendwie Opfer ihres eigenen Jagdtriebes sind.

Hauskatze – Detektivaufgaben 

Notiere die wichtigsten Angaben zu diesem Kriminalfall.

Täter:

Opfer:

Waffe:

Motiv (Grund der Tat):

Zeige, dass du ein guter Detektiv bist.

1. Schreibe einen Steckbrief der Täterin. Notiere dafür alles, was du über die Katze erfahren hast.
2. Warum haben Hauskatzen oft Schwierigkeiten, wieder von einem Baum herunterzuklettern?
3. Warum müssten Hauskatzen eigentlich gar nicht jagen?

Bestimmt hast du schon einmal davon gehört, dass Hauskatzen auf einen Baum klettern und nicht wieder herunterkommen, ja sogar von der Feuerwehr gerettet werden müssen. Aber stimmt das auch? Eigentlich ist jede Katze in der Lage, wieder von einem Baum herunterzuklettern. Hauskatzen allerdings fehlt darin im Gegensatz zu wild lebenden Katzen oft die Übung, da sie es nie lernen mussten.

Hauskatze – Zeugenaussagen 

Bei der Natur-Polizei findet ein Verhör mit der Katze statt.

Was antwortet die Katze? Kreuze an.

Warum hast du die Maus gejagt?

- ☐ Weil ich Hunger hatte.
- ☐ Weil ich einfach Lust darauf hatte.
- ☐ Ich war auf der Suche nach einem Freund.
- ☐ Ich konnte nichts gegen meinen Jagdinstinkt tun.
- ☐ Ich habe keine Ahnung.

Wie gelang es dir, die Maus zu fangen? Durch ...

☐ Ausdauer	☐ einen Zaubertrick	☐ leises Warten
☐ ein Lied	☐ Schnelligkeit	☐ scharfe Krallen

Welche Eigenschaften machen dich zu einem guten Jäger?

- ☐ Ich kann gut klettern.
- ☐ Ich kann ohne fremde Hilfe jagen.
- ☐ Ich kann ganz lautlos gehen.
- ☐ Ich kann gut schwimmen.
- ☐ Ich kann von hoch oben herunterspringen.

Gibt es etwas, das du zu deiner Verteidigung vorbringen kannst?

Schreibe auf, was die Katze sagen könnte.

___

___

___

___

___

Giraffe – Krimi

Lies den Krimi genau. Male die Landschaft, in der der Täter lebt, in die Lupe.

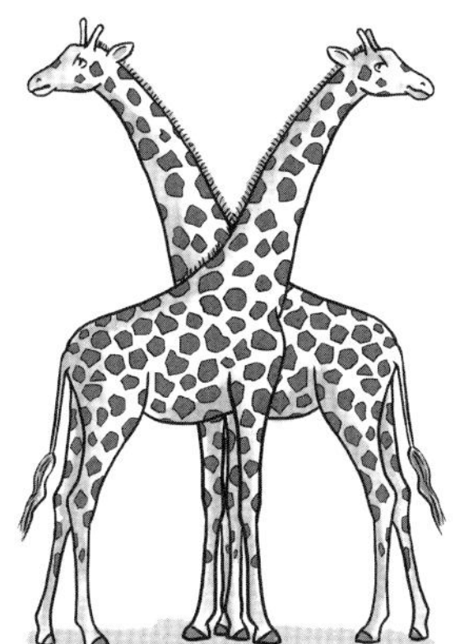

Sie sind riesig, haben eine lange und unempfindliche Zunge, laufen grazil durch die Wüste und fallen durch ihr wundervolles beige-braunes Fleckenmuster auf: Giraffen. Sie sind die Riesen der Savanne, einer Graslandschaft in Afrika.

Wahrscheinlich denkst du, diese zerbrechlich wirkenden Langhälse können niemandem etwas zuleide tun. Aber da irrst du. Denn spätestens wenn es um ihr Revier oder ein Weibchen geht, ist der Spaß und der Frieden bei den Giraffenmännchen vorbei.

Beobachten wir doch einmal Mister Longneck. Mit seinen 6 Metern und einem Gewicht von 1 600 Kilogramm ist er eines der größeren Giraffenmännchen. Normalerweise ist der Pflanzenfresser ein typischer Einzelgänger. Aber jetzt, in der Paarungszeit, gesellt er sich zu einer Herde. Er hat eine ganz spezielle Dame im Auge. Mit ihr möchte er sich paaren.

Aber er ist nicht der Einzige, dem diese Dame gefällt. Auch ein anderer Giraffenbulle hat an ihr Interesse. Genau das macht die beiden Männchen zu Konkurrenten.

Was mit einer harmlosen Begegnung begann, endet innerhalb von Minuten in einem handfesten (oder besser: halsfesten) Streit. Die beiden Bullen streiten sich unerbittlich um die Kuh. Ihre muskulösen Hälse verwenden sie dazu als Waffen.
Je länger der Hals ist, desto besser! Mister Longneck holt als Erster mit seinem Hals Schwung und schleudert ihn an die Brust des Gegners. Dabei nutzt er auch geschickt seine kurzen Hörner, um den Gegner zu verletzen. Danach macht der Gegner genau das Gleiche. Das Schauspiel geht so lange, bis einer der Rivalen aufgibt und den Rückzug antritt. Der Sieger darf sich dann mit seiner Angebeteten paaren. In unserem Fall gewinnt der Rivale von Mister Longneck. Als Belohnung wird er dann etwa 15 Monate später Vater.

Giraffe – Detektivaufgaben 

Notiere die wichtigsten Angaben zu diesem Kriminalfall.

Täter:

Opfer:

Waffe:

Motiv (Grund der Tat):

Zeige, dass du ein guter Detektiv bist.

1. Schreibe einen Steckbrief der Täter. Notiere dafür alles, was du über die Giraffenbullen erfahren hast.
2. Warum kann man beim Streit der Giraffenmännchen nicht von einem „Handgemenge“ sprechen? Wie würde man es besser bezeichnen?
3. Warum haben die Hörner weiblicher Giraffen Fellbüschel und die der Männchen nicht?

Übrigens haben auch die weiblichen Giraffen kleine Hörner. Im Gegensatz zu den Männchen haben diese Hörner sogar ein Fellbüschel. So kann man die Weibchen leicht erkennen.

Giraffe – Zeugenaussagen 

Bei der Natur-Polizei findet ein Verhör mit den beiden Streithähnen statt.

Was antworten die beiden? Kreuze an.

Warum habt ihr euch gestritten?

- ☐ Weil wir nicht genügend Futter finden.
- ☐ Weil die Herde nur einen von uns aufnimmt.
- ☐ Weil wir uns beide mit demselben Weibchen paaren wollen.
- ☐ Weil wir uns nicht besonders mögen.

Wer hat angefangen?

☐ Mister Longneck ☐ sein Gegner ☐ beide

Gab es Zeugen eurer Auseinandersetzung?

- ☐ Nein, es gab keine.
- ☐ Unsere Angebetete hat zugeschaut.
- ☐ Das wissen wir nicht.

Wie endete euer Kampf?

____

____

____

____

____

Welchen der beiden Bullen siehst du hier? Schreibe auf.

____

____

Löwe – Krimi

Lies den Krimi genau. Male dann ein Bild des Täters in die Lupe.

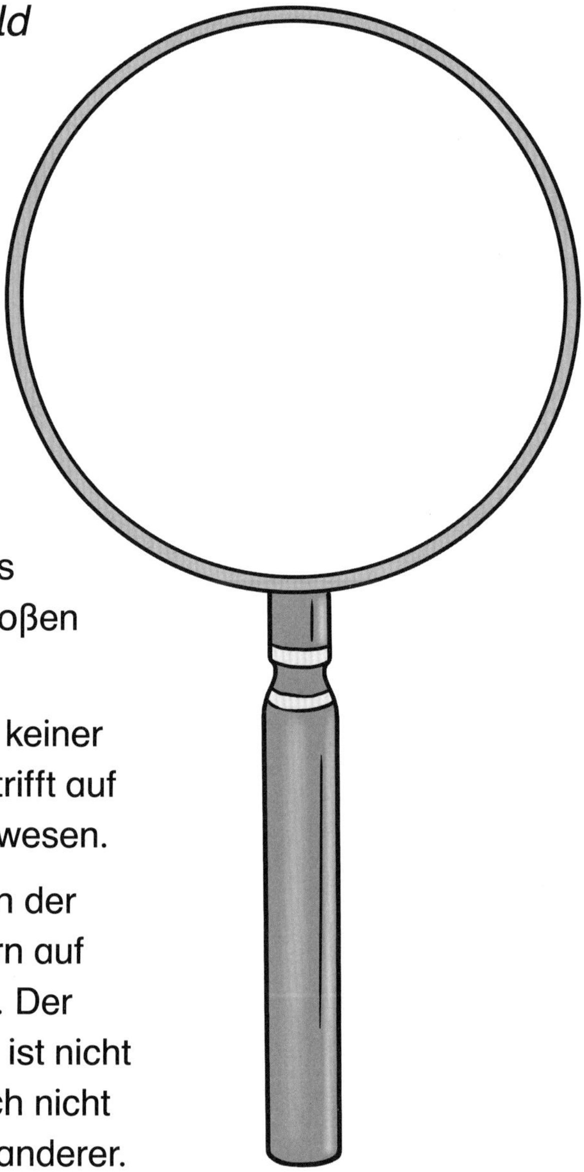

Um ein Tier, das normalerweise eher Täter als Opfer ist, geht es bei diesem Fall. Eine der großen Raubkatzen ist heute das Opfer.

Sicherlich kennst du das Sprichwort „Er kann keiner Fliege etwas zuleide tun". Dieses Sprichwort trifft auf den Löwen zu, und zwar sehr zu dessen Leidwesen.

Wir begleiten heute eine Gruppe von Löwen in der Wüste von Tansania, in Afrika. Die Tiere lagern auf den Ästen eines Baumes wie dessen Früchte. Der Grund für dieses Abhängen in luftigen Höhen ist nicht etwa Erschöpfung. Die Löwen halten sich auch nicht für tolle Profikletterer. Der Grund ist ein ganz anderer. Ein sehr kleiner: die Tsetsefliege. Ein unscheinbarer Täter, der es mit den großen Raubtieren der Erde aufnimmt.

Diese winzige Stechmücke bringt es fertig, dass sich Löwen, die normalerwiese eher keine großen Kletterer sind, in luftiger Höhe vor den Plagegeistern in Sicherheit bringen und nicht mehr vom Baum herunterwagen.

Und das kam so: Nachdem es in der Wüste ungewöhnlich lange geregnet hatte, wuchs das Gras für dortige Verhältnisse sehr hoch. Die kleine Tsetsefliege liebt hohes Gras und vermehrte sich schnell. Die riesige Mückenfamilie hatte es auf das Blut der Löwen abgesehen. Löwen, die im hohen Gras liefen, wurden sofort angezapft. Die Stiche des Insekts müssen sehr schmerzhaft sein. So schmerzhaft, dass die kleine Fliege nun einem der gefährlichsten Jäger der Steppe etwas zuleid tat – und dieser Raubkatze sogar zu ungeahnten Kletterkünsten verhalf.

Löwe – Detektivaufgaben 

Notiere die wichtigsten Angaben zu diesem Kriminalfall.

Täter:

Opfer:

Waffe:

Motiv (Grund der Tat):

Zeige, dass du ein guter Detektiv bist.

1. Schreibe einen Steckbrief der Opfer. Notiere dafür alles, was du über die Löwen erfahren hast.
2. In welchem afrikanischen Land spielt der Krimi?
3. Was bedeutet das Sprichwort aus dem Krimi? Erkläre es mit deinen Worten.

Übrigens weht an besonders heißen Tagen oben auf einem Baum ein angenehmer Wind. Manchmal bringen sich die Löwen auch nach einer nicht erfolgreichen Jagd vor einem aufgebrachten Beutetier, zum Beispiel einem Wasserbüffel, in Sicherheit. Außerdem lässt sich von dort oben leichter neue Beute erspähen.

Löwe – Zeugenaussagen 

Bei der Natur-Polizei findet ein Verhör statt.

Beantworte die Fragen.

Warum ist es so ungewöhnlich, dass der Löwe heute Opfer ist? Was ist das Besondere am Täter?

Wie schützt sich das Opfer vor den Angriffen der Mücken?

Was ist das Bemerkenswerte daran, dass die Löwen klettern?

Welche anderen Gründe gibt es, warum Löwen manchmal auf Bäume klettern?

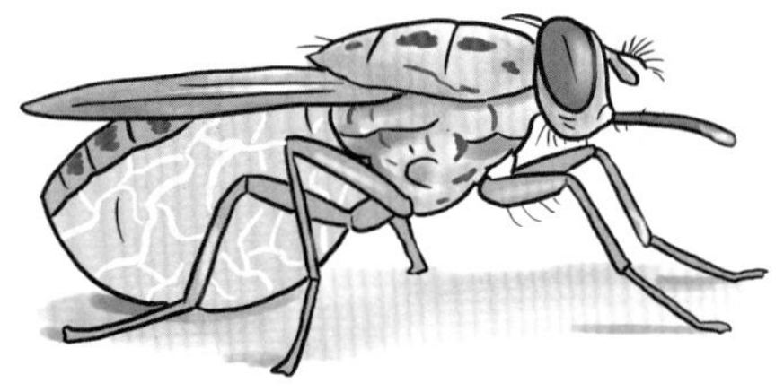

Biber – Krimi

Lies den Krimi genau. Male dann ein Bild des Gegenstands, dem der abgenagte Baum ähnelt, in die Lupe.

Es ist mitten in der Nacht. Der Schleier der Dunkelheit liegt über dem Bachlauf. Nur der Mond spendet ein wenig Licht. Alles schläft. Wirklich alles? Nein! Ein 130 Zentimeter langes, 30 Kilo schweres, felliges Wesen ist noch aktiv. Es hat Schwimmhäute an den Hinterfüßen und kämmt sein wasserdichtes Fell mit seiner „Putzkralle“. Dieses geheimnisvolle Tier bereitet gerade seinen nächsten „Streich“ vor.

Wer das ist, willst du wissen? Na, der Biber! Er ist das größte Nagetier Europas, kann bis zu 20 Minuten tauchen und gilt als schlauer Architekt. Du hast richtig gelesen: Er ist Baumeister. Und ein genialer noch dazu. Er baut keine Häuser – er baut Burgen. Diese bestehen aus abgenagten Ästen und Zweigen und Schlamm. Der Eingang jeder Biberburg liegt geschützt unter der Wasseroberfläche. Das verhindert, dass ungebetene Gäste unbemerkt in den Palast des Bibers eindringen. Der Rest der Burg befindet sich über dem Wasserspiegel und ist somit trocken und warm. Dort wachsen auch die Jungen auf.

So harmlos das auch klingt: Der Biber ist keineswegs nur niedlich. Er macht sich der Sachbeschädigung schuldig. Und zwar als Wiederholungstäter! In nur einer Nacht fällt der Biber einen Baumstamm von 10 Zentimetern Dicke mit seinen messerscharfen Schneidezähnen! Er verfügt nämlich über eine extrem starke Kiefermuskulatur und seine Beißerchen wachsen ständig nach.

Unser Biber macht sich ans Werk: Er nagt den Stamm auf einer Höhe rundherum an. In der Mitte lässt er einen schmalen Steg stehen, sodass der Stamm einer Sanduhr ähnelt. Nun bringt der Baumeister den Stamm mit einem beherzten Biss zum Fallen.

Warum er das tut? Sicher nicht, um andere zu schädigen! Er braucht die Stämme für seinen Damm. Mit diesem Damm staut er das Wasser um seinen Bau herum und sorgt damit für einen gleichbleibenden Wasserpegel und genügend Nahrung. Echt clever, dieser kleine Pflanzenfresser!

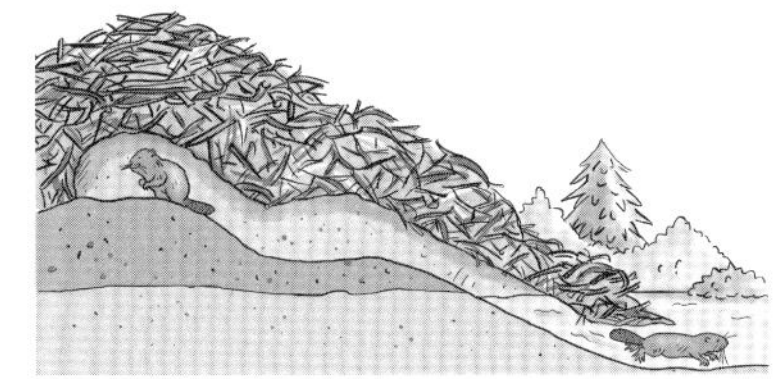

Biber – Detektivaufgaben 

Notiere die wichtigsten Angaben zu diesem Kriminalfall.

Täter:

Opfer:

Waffe:

Motiv (Grund der Tat):

Zeige, dass du ein guter Detektiv bist.

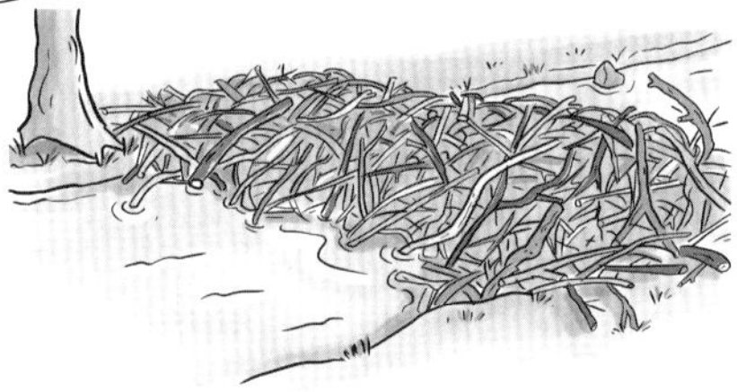

1. Schreibe einen Steckbrief des Täters.
   Notiere dafür alles, was du über den Biber erfahren hast.
2. Warum baut der Biber einen Staudamm?

3. Warum wurden Biber früher häufig gejagt?

Biber waren in Europa früher sehr häufig anzutreffen. Aber sie wurden gejagt. Die Jäger hatten es auf das dichte Fell, ihr Fleisch und auch auf ihr Fett abgesehen. Mit der Zeit waren die Biber vom Aussterben bedroht.
In der Zwischenzeit achtet man wieder darauf, den Bibern genügend Wohnraum zur Verfügung zu stellen.
An Elbe, Donau und Inn trifft man jetzt wieder häufiger Biberfamilien an.

Biber – Zeugenaussagen 

Bei der Natur-Polizei findet ein Verhör statt.

Lies die Beschreibungen genau. Löse das Kreuzworträtsel.
Trage das Lösungswort unten in den Satz ein.

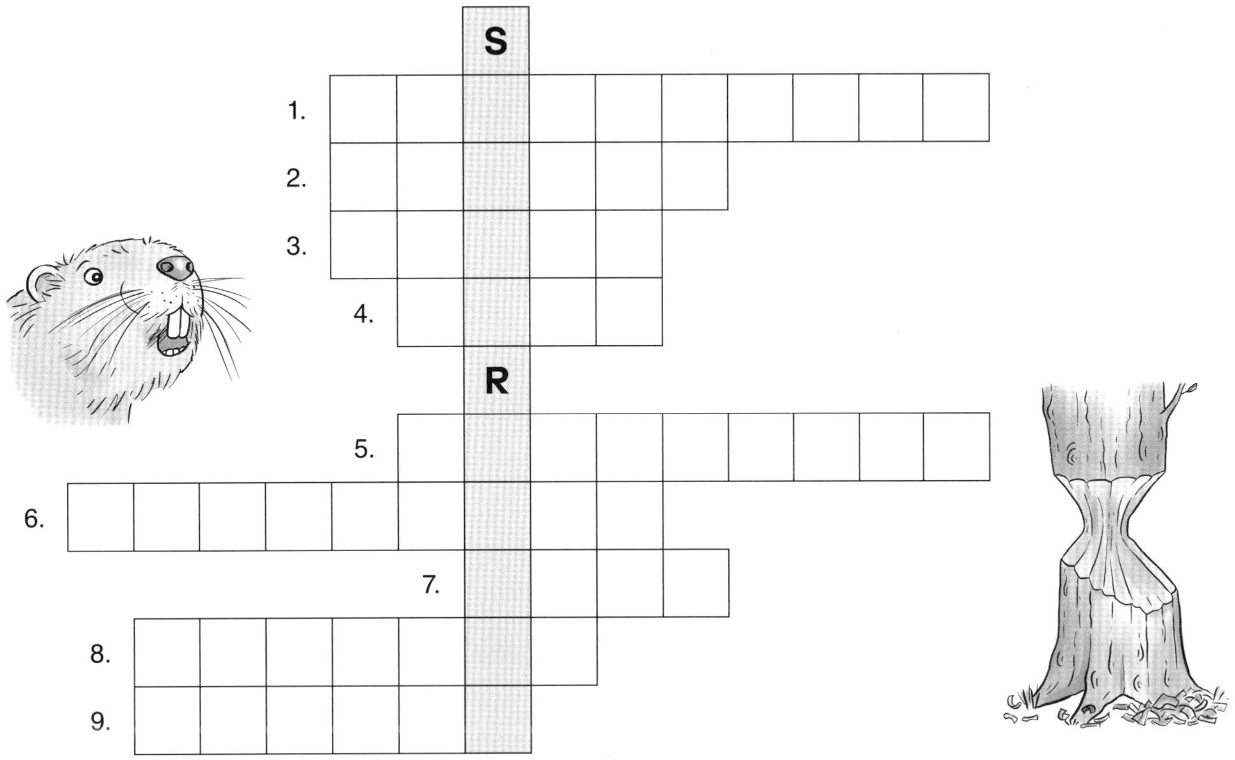

1. Der Biber kämmt sich damit immer das Fell.
2. Ein englisches Wort für schlau.
3. Damit der Biber gut schwimmen kann, hat er an den Hinterfüßen zum Schwimmen ...
4. Neben dem Fell und dem Fleisch war dieses Biberprodukt früher sehr begehrt.
5. Der Biber ist ein grandioser Baumeister. Man nennt diesen Beruf auch ...
6. So nennt man das Haus des Bibers.
7. Das baut der Biber, um Wasser zu stauen.
8. Das kann der Biber neben Bäumefällen und Schwimmen auch sehr gut – sogar bis zu 20 Minuten lang.
9. Das weist das dichte Fell des Bibers ab.

Lösungswort: Der Biber benutzt seinen Schwanz zur Verteidigung und als _ _ _ _ _ _ _ _ _ _ _.

Maulwurf – Krimi

Lies den Krimi genau. Male dann ein Bild der Beweisspuren am Tatort.

Tiere, die Tiefkühlkost lieben – gibt es das wirklich? Ja! Eines kennst du ganz sicher. Es ist braun, wird bis zu 20 Zentimeter lang, lebt unterirdisch in Gärten und Parks, hat Grabkrallen wie Schaufeln, ist fast blind und kann als wahrer Bauprofi bezeichnet werden.

Die Rede ist vom Maulwurf. Den Frühling und Sommer über arbeitet er meist dicht unter der Oberfläche. Mit seinem Baudrang treibt er Gärtner fast in den Wahnsinn. Wenn er nämlich in der Paarungszeit im Mai seinen unterirdischen Bau für seine Jungen herrichtet, taucht er regelmäßig an der Erdoberfläche auf, um sich Laub und Gras als neues Baumaterial zu holen. Die Stelle seines Auftauchens sieht man dann oben in Form von braunen Hügeln, die oft überall auf der Wiese oder dem Rasen verteilt sind.

Unter der Erde legt der Bauarbeiter mit dem außerordentlich guten Geruchssinn wahre Meisterwerke der Baukunst an: Er schaufelt ein Gängesystem, in dem sich Schlafkammer, Brutkammer und Vorratskammer befinden. Das ist auch der Ort, an dem er seine Opfer gefangen hält – und zwar tiefgekühlt!

Wenn der Winter kommt und der Boden langsam gefriert, verlegt der Grabprofi seine Tätigkeit einfach in tiefere Erdschichten. Statt 20 Zentimeter unter der Erde baut er jetzt 50 bis 60 Zentimeter tief. In seiner Vorratskammer lagert er seine Beute lebend. Regenwürmer, Insekten und Larven lähmt er mit einem gezielten Biss. Und so bleiben diese reglos in seiner Speisekammer liegen, bis er Hunger bekommt. Tiefkühlkost ganz ohne Gefrierschrank – wirklich clever!

Maulwurf – Detektivaufgaben 

Notiere die wichtigsten Angaben zu diesem Kriminalfall.

Täter:

Opfer:

Waffe:

Motiv (Grund der Tat):

Zeige, dass du ein guter Detektiv bist.

1. Schreibe einen Steckbrief des Täters. Notiere dafür alles, was du über den Maulwurf erfahren hast.
2. Woran erkennt man, dass ein Maulwurf gerade den Boden des Gartens bearbeitet?
3. Wofür ist der Maulwurf nützlich?

Obwohl sich viele Gärtner über den Maulwurf ärgern und seinen Hügeln nur wenig abgewinnen können, wissen sie doch: Er ist äußerst nützlich! Er sorgt nämlich für einen gesunden und durchmischten Boden.

Maulwurf – Zeugenaussagen 

Bei der Natur-Polizei findet ein Verhör statt.

Kreuze die richtigen Antworten an. Schreibe die angekreuzten Buchstaben in die Kästchen unten. Lies die Lösung.

1. Wo befindet sich der Maulwurfsbau im Frühling und Sommer?

VO	Er befindet sich weit unter der Erde.
AN	Er befindet sich etwa 20 Zentimeter unter der Erdoberfläche.
LU	Er befindet sich 50 bis 60 Zentimeter unter der Erde.

2. Welche Kammern befinden sich im Maulwurfsbau?

ST	Vorratskammer, Brutkammer, Abstellkammer
RS	Speisekammer, Gästezimmer, Schlafkammer
DR	Speisekammer, Brutkammer, Schlafkammer

3. Was passiert kurz vor Frosteinbruch?

ÜC	Der Maulwurf gräbt tiefer in die Erde und lagert Nahrung ein.
IC	Der Maulwurf macht Winterschlaf.
IG	Der Maulwurf besorgt sich einen Gefrierschrank.

4. Was frisst der Maulwurf?

HT	Der Maulwurf frisst Blätter und Gras.
AT	Der Maulwurf frisst frisch geschaufelte Erde.
KT	Der Maulwurf frisst Insekten, Regenwürmer und Larven.

Lösung: Der Maulwurf entsorgt seine Bauabfälle in Form von Hügeln.

Die Wände seines Baus sichert er, indem er sie immer wieder fest ...

1.	2.	3.	4.

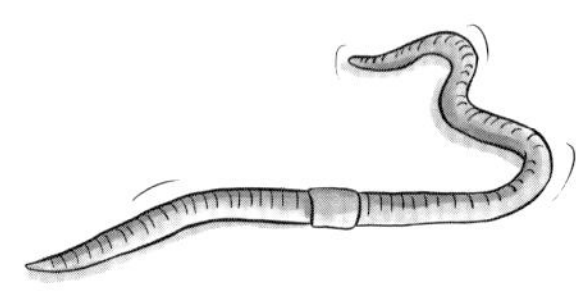

Kuckuck – Krimi

Lies den Krimi genau. Male ein Bild von den Spuren der Tat.

Schon seit Tagen treibt sich ein Vogel im Gebüsch herum – ein Vogelpaar beim Nestbau hat er dabei immer im Blick. Der stille, aufmerksame Beobachter ist ein Kuckucksweibchen. Es wartet auf eine günstige Gelegenheit. Für was?

Die Ausgespähten sind ein Zaunkönigspaar. Beide sind so mit dem Bau ihres Nests beschäftigt, dass sie den Beobachter gar nicht bemerken. Immer wieder fliegen sie abwechselnd davon und kommen mit jeder Menge Nistmaterial zurück. Unsere Beobachterin weiß: Nun dauert es nicht mehr lange, bis das Zaunkönigweibchen seine Eier ablegt. Und spätestens dann muss unsere Täterin reagieren!

Der Tag der Eiablage ist gekommen. Fünf Eier liegen im Nest. Nur einen kurzen Moment lang sind die Zaunkönigeltern nicht aufmerksam und verlassen beide hungrig das Nest. Der Moment des Angriffs ist gekommen! Die Kuckucksdame fliegt heran, sie landet auf dem Nest – und legt ein Ei hinein. Schnell fliegt sie wieder davon.

Die Zaunkönige merken übrigens erst, dass sie ein Kuckuckskind ausbrüten, wenn es schon zu spät und das Kuckucksküken geschlüpft ist. Dieses frisst den fremden Geschwistern das Futter weg, ist meistens viel größer als die anderen Vogeljungen und macht sich im Nest breit. Dabei wirft es die anderen Eier oder schon geschlüpfte Jungvögel aus dem Nest. Danach ahmt es oft die Rufe der Stiefgeschwister nach, um genügend Futter zu bekommen.

Kuckuck – Detektivaufgaben 

Notiere die wichtigsten Angaben zu diesem Kriminalfall.

Täter:

Opfer:

Waffe:

Motiv (Grund der Tat):

Zeige, dass du ein guter Detektiv bist.

1. Schreibe einen Steckbrief des Täters. Notiere dafür alles, was du über den Kuckuck erfahren hast.
2. Was erfährst du über die Eier des Kuckucks?
3. Weißt du, woher der Kuckuck seinen Namen hat?

Der Kuckuck kann übrigens die Musterung und Farbe seiner Eier anpassen. So sieht das Kukckucksei fast genauso aus wie die anderen Eier im Nest – nur, dass es etwas größer ist. So bemerken die „Pflegeeltern“ den Betrug nicht.

Kuckuck – Zeugenaussagen 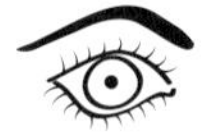

Bei der Natur-Polizei findet ein Verhör mit dem Kuckucksweibchen statt.

Das Kuckucksweibchen antwortet. Kreuze an.

Warum hast du deine Eier in ein fremdes Nest gelegt?

☐ Weil ich zu bequem war, selbst Futter für meine Jungen zu besorgen.

☐ Das liegt in meiner Natur.

☐ Ich dachte, die Zaunkönigs freuen sich über ein Kind mehr.

☐ Ich kam ganz zufällig zu Besuch, da wollte mein Ei kommen.

Warum sieht dein Ei aus wie das der Zaunkönige?

☐ Ich wollte sichergehen, dass sie mein Ei nicht bemerken.

☐ Das ist Zufall.

☐ Mir gefallen die Eier des Zaunkönigs besonders gut.

Welche Eigenschaften hat dein Junges von dir geerbt?

☐ Ehrlichkeit ☐ Schönheit ☐ Unehrlichkeit

☐ Durchsetzungsvermögen ☐ Zähheit

☐ lautes Rufen ☐ Kraft ☐ Zierlichkeit

Was kannst du zur Verteidigung deines Kükens sagen? Wirft es die anderen Eier oder Jungen einfach aus einer Laune heraus aus dem Nest? Warum tut es das?

Schreibe auf, was der Kuckuck sagen könnte.

Elster – Krimi

Lies den Krimi genau. Male einen Gegenstand, den der Täter besonders mag.

Unsere heutige Täterin hat blaue, weiße und schwarze Federn. Sie ist in Wirklichkeit nicht so schlimm wie ihr Ruf: die Elster. Man sagt ihr nach, dass sie diebisch sei. Man erzählt, dass sie Wertsachen wie Silberbesteck und Geldstücke klaut und sich Vorräte damit anlegt. Dabei wurde noch nie eine Elster beim Klauen von größeren silbernen Wertgegenständen erwischt. Auch in ihren Nestern waren bisher keine Wertgegenstände zu finden.

Eher sieht man sie mit anderer Beute wie Käse- oder Fleischstückchen und anderem Futter. Forscher fanden heraus, dass Elstern damit einen Vorrat für schlechte Zeiten anlegen und ihre Beute in Verstecken im Boden deponieren, die sie mit Blättern und Zweigen bedecken. Elstern legen gleichzeitig viele solcher Verstecke an und können sich immer ganz genau merken, wo ihre Vorräte versteckt sind. So verhindern die cleveren Vögel, dass ihnen auf einmal alle Schätze abhandenkommen.

Forscher fanden auch heraus, dass Elstern sehr gerne mit glänzenden Dingen spielen und damit sogar kleine Experimente machen. Stundenlang können die Vögel mit Alufolie, kleinen Spiegeln oder auch glänzenden Dosen beschäftigen. Denn diese Dinge wecken ihre Neugier. Weiter interessieren die glänzenden Sachen die Elstern aber nicht.

Man muss also sagen: Elstern sind keineswegs diebisch. Sie klauen auch nicht aus Boshaftigkeit. Es ist vielmehr ihre Neugier, das Unbekannte und die Faszination des Funkelnden und Glitzernden, das Elstern magisch anzieht. Und eigentlich ist das überhaupt nicht schlimm. Denn wir Menschen sind doch ähnlich, oder?

Elster – Detektivaufgaben 

Notiere die wichtigsten Angaben zu diesem Kriminalfall.

Täter:

Opfer:

Waffe:

Motiv (Grund der Tat):

Zeige, dass du ein guter Detektiv bist.

1. Schreibe einen Steckbrief. Notiere dafür alles, was du über die Elster erfahren hast.
2. Ist die Elster ein Dieb? Begründe deine Meinung.
3. Auf welchem Kontinent gilt die Elster als Glücksbringer?

Bei uns in Europa haben Elstern eher einen schlechten Ruf. In Asien ist das aber anders. Dort gelten sie als Glücksbringer.

Elster – Zeugenaussagen 

Bei der Natur-Polizei findet ein Verhör statt.

Beantworte die Fragen. Schreibe die Wörter auf.

1. Welches Adjektiv (Eigenschaftswort) bezeichnet die Elster sprichwörtlich?
2. Womit bedecken Elstern ihre Verstecke? Mit Blättern und ...
3. Was tun die Vögel mit glänzenden Dingen?
4. Welche Farben haben Elstern? Blau, Weiß und ...
5. Wer ist den Elstern in seiner Faszination für Funkelndes ähnlich?

1. ______________________ 4. ______________________

2. ______________________ 5. ______________________

3. ______________________

Trage von jedem Wort den gesuchten Buchstaben ein.
Das Beispiel hilft dir. Schau genau!

Lösungswort:

P	i						a
	2. Buchstabe 1. Wort	5. Buchstabe 5. Wort	5. Buchstabe 4. Wort	2. Buchstabe 3. Wort	4. Buchstabe 2. Wort	7. Buchstabe 1. Wort	

Die Elster nennt man auch

______________________.

Flamingo – Krimi

Lies den Krimi genau. Male dann ein Bild der Opfer in die Lupe.

Sie waten umher. Langbeinig, erhobenen Schnabels, elegant – und rosa. Die Rede ist von Flamingos. Sie werden etwa 1,50 Meter groß und wiegen ungefähr 4 Kilo.

Ihre Heimat sind flache Salzseen in Südeuropa, Afrika, Asien sowie Mittel- und Südamerika. Die Familie der Pinken ist riesig. Nicht selten sind es Gruppen von bis zu 1 000 Tieren.

Es erinnert an eine Gruppe von Ballerinas im rosa Federkleid, wenn eine Schar Flamingos durch den flachen See spaziert. Tänzelnd bewegen sich die Vögel vorwärts und nur selten tanzt einer von ihnen dabei aus der Reihe. Was so vornehm und würdevoll aussieht, ist streng genommen der eleganteste Massenmord, den die Welt je gesehen hat.

Kopfüber hängt sich Familie Rosa ins Wasser und saugt dort Plankton und winzige Krebstiere aus dem Wasser. Ihre Zungen und Schnabelränder wirken dabei wie ein Sieb, ähnlich wie bei einem Bartenwal. Man spricht daher auch von einem Seihschnabel.

In den flachen Gewässern hat die Beute der Flamingos kaum eine Chance. Die Füße der Langbeinigen wirbeln den Grund des Wassers und damit auch die kleinen Krebstiere auf. So ist es der „Täterfamilie" ein Leichtes, zuzuschlagen.

Ihre leuchtend rosa Farbe haben die Flamingos übrigens diesen kleinen Krebstieren zu verdanken. Denn in den Krebsen ist der Farbstoff Karotin enthalten. Dieser setzt sich im Gefieder der Vögel ab und verleiht ihm seine wundervolle Strahlkraft. Wir lernen daraus: Die Krebstiere machen nicht nur satt, sondern auch ganz schön rosa!

Flamingo – Detektivaufgaben 

Notiere die wichtigsten Angaben zu diesem Kriminalfall.

Täter:

Opfer:

Waffe:

Motiv (Grund der Tat):

Zeige, dass du ein guter Detektiv bist.

1. Schreibe einen Steckbrief der Täter. Notiere dafür alles, was du über Flamingos erfahren hast.
2. Was fressen Flamingos? Wie kommen sie zu ihrer Beute?
3. Womit füttern Flamingos ihre Jungen?

Flamingobabys kommen übrigens in einer Matschmulde zur Welt, die etwa 30 Zentimeter hoch ist. Dies schützt die Eier vor der Flut. In diesem Nest bleiben die jungen Flamingos dann 5 bis 12 Tage lang. Als Nahrung bekommen sie eine spezielle Milch, die Mutter und Vater produzieren und direkt mit dem Schnabel an das Jungtier füttern. Na, Mahlzeit!

Flamingo – Zeugenaussagen

Einige Zeugen haben die Flamingos bei einem merkwürdigen Tanz beobachtet.

Lies die Beschreibungen der Tanzschritte.
Ordne jeder Beschreibung ein Bild zu.
Trage die richtigen Buchstaben ein.

Familie Rosa tanzt, um einen Partner zu finden.
Nur, wer besonders viele Tanzschritte beherrscht, ist erfolgreich beim anderen Geschlecht.
Und so funktioniert der Balztanz der Flamingos:

A B C D

◯ Zwei bis drei Sekunden dauert der „Flügelgruß“. Dafür breiten die Vögel ihre Flügel aus und strecken sie leicht nach hinten.

◯ Ein Flügel und ein Bein werden zu einer Seite ausgestreckt.

◯ Beim sogenannten „Genickbruch“ wird der Hals in der Mitte so stark gebogen, dass die Schnabelspitze den Halsansatz berührt.

◯ Mehrere Flamingos schauen immer wieder nach rechts und nach links, als wollten sie über eine Straße gehen. Dieser Tanzschritt wird „Kopfflattern“ genannt. Hierbei wird der Hals gestreckt und der Schnabel aufwärtsgerichtet.

Krokodil – Krimi

Lies den Krimi genau. Male dann ein Bild des im Wasser lauernden Täters in die Lupe.

Gestatten, ich bin das Krokodil. Ich gehöre zu den Reptilien und lebe in einem afrikanischen Wasserloch, denn ich mag Wärme und Feuchtigkeit.

Mein Körper ist mit einem Panzer aus verknöcherten Hornplatten überzogen. Er schützt mich vor Hitze, Trockenheit und Verletzungen. Mein Panzer ist gleichzeitig auch meine Tarnung. Und als Jäger muss man ja bekanntlich „Tarnkleider“ tragen!

Meine Waffe ist mein starkes Gebiss. Blitzschnell schleudere ich mich mit meinem kräftigen Schwanz aus dem Wasser und schnappe mit meinen spitzen Beißerchen zu – meist noch bevor meine Beute reagieren kann. Danach ziehe ich meine Beute unter Wasser.

Ich habe Ausdauer. Stundenlang liege ich im Wasser und beobachte Zebras, Wasservögel und andere kleine Säugetiere. Nur wenn du ganz genau hinsiehst, erkennst du meine Nasenlöcher und Augen und manchmal einen Teil meines Rückenpanzers, die aus dem Wasser ragen.

Neulich ist mir allerdings auf der Jagd ein ganz grober Fehler unterlaufen. Nachdem ich einen kleinen Elefanten am Rüssel gepackt hatte, wehrte dieser sich ganz energisch. Statt dass *ich ihn* ins Wasser ziehen und herumwirbeln konnte, schleuderte *er mich* herum! Und zu allem Übel kamen dann die Elefantenkühe aus seiner Herde hinzu und griffen mich an. Alle gegen einen ist aber auch wirklich unfair! Ich musste die Flucht antreten.

Eines habe ich aus der Sache gelernt: Ich werde mir mein nächstes Opfer etwas genauer anschauen, bevor ich zupacke.

Krokodil – Detektivaufgaben 

Notiere die wichtigsten Angaben zu diesem Kriminalfall.

Täter:

Opfer:

Waffe:

Motiv (Grund der Tat):

Zeige, dass du ein guter Detektiv bist.

1. Schreibe einen Steckbrief des Täters. Notiere dafür alles, was du über das Krokodil erfahren hast.
2. Was macht das Krokodil zu einem so guten Jäger? Finde mindestens drei Dinge.
3. Warum sind Krokodile wahrscheinlich nicht ausgestorben?

Krokodile leben seit über 200 Millionen Jahren auf der Erde. Im Gegensatz zu den Dinosauriern sind die Krokodile nicht ausgestorben, weil sie sich wahrscheinlich besser an Veränderungen anpassen konnten. Sie sind beim Beutefang nicht wählerisch und können auch über mehrere Wochen oder Monate ohne Futter auskommen. Ihr Körper verbraucht in dieser Zeit nur sehr wenig Energie.

Krokodil – Zeugenaussagen 

Bei der Natur-Polizei findet ein Verhör mit dem Krokodil statt. Zeugen machen ihre Aussagen.

Lies genau und entscheide, ob die Aussage Wahrheit (W) oder Lüge (L) war. Notiere das Lösungswort.

	W	L
Das Krokodil lebt in Amerika im Ozean.	A	R
Es braucht Feuchtigkeit und Wärme zum Überleben.	E	F
Der Panzer schützt vor Kälte.	T	P
Dank des Panzers ist das Krokodil gut getarnt.	T	W
Liegt es im Wasser, schauen nur die Ohren heraus.	O	I
Der Schwanz hat eine besondere Funktion.	L	M
Das Gebiss des Krokodils ist nicht besonders kräftig.	P	I
Das Krokodil jagt am liebsten Menschen und Delfine.	U	E
Manche Beutetiere können für das Krokodil gefährlich werden.	N	S

Lösungswort: ______________________________

Wie konnte sich das angegriffene Elefantenjunge retten? Beschreibe.

____

____

____

____

____

____

____

Schlingnatter – Krimi

Lies den Krimi genau. Male dann ein Bild des Opfers in die Lupe.

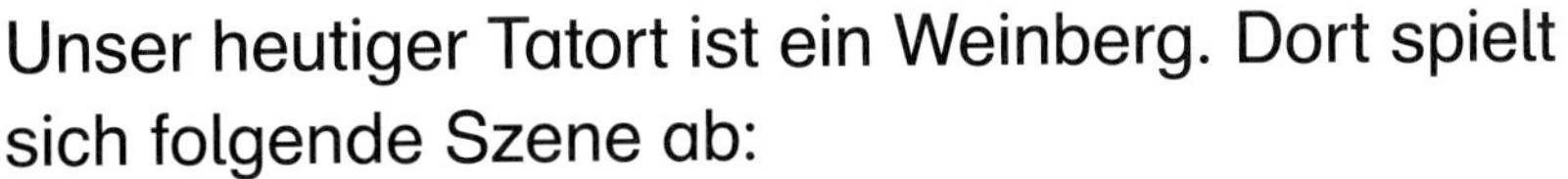

Unser heutiger Tatort ist ein Weinberg. Dort spielt sich folgende Szene ab:

Sie ist hungrig und liegt auf der Lauer. Versteckt zwischen Steinen und Gras ist sie kaum zu sehen. Auch die kleine Eidechse, die sich auf der Mauer sonnt, bemerkt die Schlange nicht. Und damit beginnt der Krimi. Das letzte Stündlein der Eidechse hat geschlagen.

Blitzschnell packt die Schlingnatter zu. Giftzähne hat sie zwar nicht, aber sie kann trotzdem mit ihrem kräftigen Kiefer zupacken. Und das tut sie jetzt. Hat sie das Opfer gefasst, umwickelt sie es rasch mit ihrem muskulösen Körper. Die Eidechse ist jetzt gefesselt. Flüchten ist nicht mehr möglich.

Immer enger schlingt sich der lange, geschmeidige Körper der Natter um das Opfer. Bei jedem Atemzug zieht die Natter die Schlinge – ihre kräftigen Muskeln – fester zusammen. So lange, bis die Eidechse erstickt ist.

Das war ein leichtes Opfer für die Schlingnatter. Die Eidechse wird mit dem Kopf voran in einem Happ verschlungen. Die Schlingnatter zieht sich in ihr Versteck zurück und verdaut ihre Nahrung.

Ist die Beute größer, ist das Herunterschlingen etwas aufwendiger. Weil das Tier nicht in Einem ins Maul passt und die Schlange ihre Beute nicht kauen kann, renkt sie ihren Kiefer aus. Dadurch ist die Maulöffnung groß genug für das Beutetier. Dieses kann dann im Ganzen verschlungen werden. Die Schlingnatter kann ihr Maul also ganz schön aufreißen!

Schlingnatter – Detektivaufgaben 

Notiere die wichtigsten Angaben zu diesem Kriminalfall.

Täter:

Opfer:

Waffe:

Motiv (Grund der Tat):

Zeige, dass du ein guter Detektiv bist.

1. Schreibe einen Steckbrief des Täters. Notiere dafür alles, was du über die Schlingnatter erfahren hast.
2. Überlege, warum die Schlingnatter diesen Namen trägt.
3. Wer sind die natürlichen Feinde der Schlingnatter?

Obwohl die Schlingnatter ein Jäger ist, steht sie selbst bei einigen Räubern auf dem Speiseplan. Marder, Igel und Greifvögel zählen zu ihren natürlichen Feinden.

Schlingnatter – Zeugenaussagen 

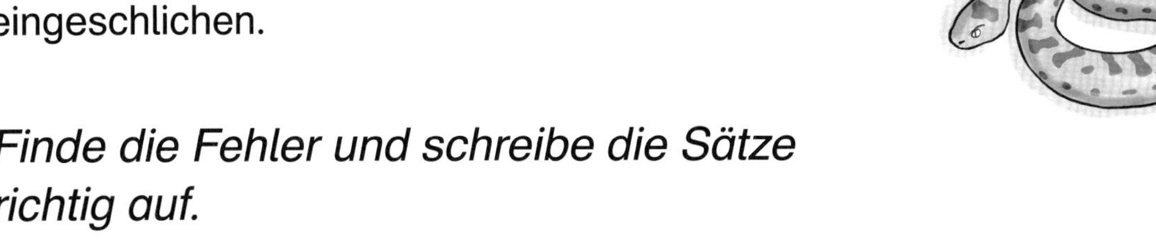

Bei der Natur-Polizei findet ein Verhör statt.
In die Notizen des Kommissars haben sich Fehler eingeschlichen.

Finde die Fehler und schreibe die Sätze richtig auf.

Die Schlingnatter hat einen kräftigen Giftzahn.

____

____

Die Geheimwaffe der Schlingnatter ist ihr muskulöser Oberarm.

____

____

Ihre schwachen Muskeln ziehen sich immer enger um die Beute.

____

____

Die Schlingnatter verschlingt ihr Opfer mit dem Hintern voran.

____

____

Wenn die Beute nicht im Ganzen ins Maul passt, renkt sie ihren Brustkorb aus.

____

____

____

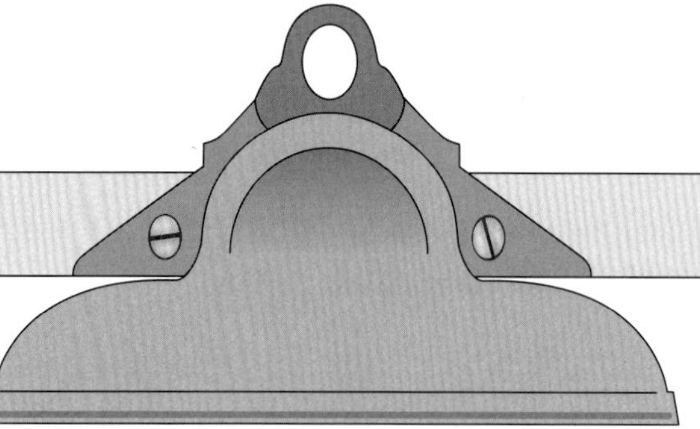

Steckbrief

Name des Tieres:

___

Farbe(n): ___

Typisches Aussehen: ___

___

___

Länge: ___

Gewicht: ___

Lebensraum: ___

___

___

Nahrung: ___

___

___

Feinde: ___

___

___